W0052438

Gabi Schierz • Gabi Vallenthin

LOW FAT30
die schnellsten Rezepte

Bassermann

Inhalt

Vorwort

„Keine Zeit, keine Zeit, keine Zeit !!!"

Wer hat heute eigentlich noch Zeit? Wer steht nicht unter Druck, dies und jenes „mal eben" noch zu erledigen und zu organisieren? Da nimmt sich der Anspruch, sich etwas mehr Zeit fürs Einkaufen, fürs Kochen und fürs Essen zu nehmen, fast schon altmodisch aus: Das sind doch wirklich alles Dinge, die man nebenher erledigen kann, hören wir bei Seminaren und Vorträgen.

Dass Übergewicht so extrem auf dem Vormarsch ist – gerade bei Kindern und bei Jugendlichen – resultiert aber genau aus diesem Umgang mit Essen: Gegessen wird häufig im Stehen oder auf dem Weg zum nächsten „Programmpunkt". Ernährung ist zur Nebensache verkommen. Es ist so einfach, überall irgendwas „reinzuschieben" ... viele Kalorien, viel Fett ... und weil das alle so machen, findet das auch jeder völlig normal. Es ist doch nicht der Zeitmangel, der uns daran hindert, zu kochen! Zeitmangel ist ein rein subjektives Empfinden – er ist das Resultat aus dem individuellen Dilemma, Prioritäten setzen zu müssen wo man so gerne alles, was einem geboten wird, erleben möchte – zusätzlich zu den tatsächlichen Verpflichtungen, die man hat. Für viele Übergewichtige haben deshalb die Speckröllchen „Schutzpanzer-Funktion". Statt sich gegen Fremdbestimmung und Ausgenutzt werden zu wehren, schlucken sie den Ärger runter. Mental und tatsächlich:

Magengeschwüre und Schokolade-Orgien sind die Folge. Bereits in dem Moment, wo „die gutmütigen Dicken" lernen, an den richtigen Stellen ein klares „Nein" zu sagen, und ihren Frust nicht mehr mit Essen kompensieren, ist der Grundstein für eine schlankere Figur gelegt.

Da Sie dieses Buch jetzt in der Hand halten, liegt der Schluss nahe, dass Sie das Bedürfnis haben, fettärmer zu leben. Unter Umständen mögen Sie fettes Essen gar nicht mehr, weil Sie schon länger nach dem LOW FETT 30-Prinzip leben. Oder das ist das erste Mal, dass Sie LOW FETT 30 gesehen haben und überlegen, dass Sie sich mit etwas weniger Gewicht wohler fühlen würden?

Investieren Sie in Ihre Zukunft

Ihr Körper ist die Hülle für ihr „irdisches Dasein". Von den Wissenschaftlern wissen wir, dass bestimmte Verhaltensweisen diese Hülle länger am Leben erhalten:
Regelmäßiger Sport, Nikotin-Verzicht, wenig Alkohol, geregelte Ruhezeiten und eine vernünftige Ernährung sind die Möglichkeiten, „die Lebensuhr" ein paar Jahre länger ticken zu lassen.

Eine fettarme, ballaststoffreiche und ausgewogene Ernährung sorgt in diesem Reigen der Maßnahmen für niedrige Blutfettwerte, für ein gutes Immunsystem und einen funktionierenden Stoffwechsel. Je naturbelassener die Lebensmittel sind – also je weniger „E-Nummern", Konservierungsstoffe, Farbstoffe, Geschmacksverstärker, Emulgatoren und Stabilisatoren wir auf dem gesetzlich vorgeschriebenen Zutatenverzeichnis finden - umso besser sind sie für unseren Stoffwechsel.

Besonders empfehlenswert sind natürlich Bio-Produkte (da gibt es übrigens mittlerweile ebenfalls Fertiggerichte!) und auch viele Hersteller von Tiefkühlkost verzichten völlig auf die Zugabe von Konservierungsmitteln, Geschmacksverstärkern und Farbstoffen.

Mit einer Verschiebung Ihrer Prioritäten – nämlich sich selbst und die Erhaltung Ihrer „Lebens-Pelle" in den Mittelpunkt zu stellen und nicht zuzulassen, dass andere Ihnen ihren Lebensstil aufzwingen – schaffen Sie die Voraussetzungen für eine Gewichtsabnahme.

Das Ziel dieses Buches ist es, Ihnen eine Ernährungsumstellung auf LOW FETT 30 auch bei wenig verfügbarer Zeit zu ermöglichen. Sie finden in diesem Buch nur schnelle und einfache Rezepte, die keine Vorkenntnisse erfordern. Die Zutaten, die wir verwenden, sind überall zu bekommen. Die Zubereitungszeiten als solche sind auch nicht länger als wenn Sie ein Tiefkühlgericht 30 Minuten erhitzen würden.

Wir werden Ihnen Tipps und Tricks für die Vorratshaltung verraten – das spart SEHR viel Zeit, wenn man es richtig macht – und wir werden Ihnen Wege zeigen, sich von der selbst gemachten permanenten Zeitnot nicht länger aufreiben zu lassen.

Falls Sie weiterführende Informationen benötigen, freuen wir uns, wenn Sie uns im Internet besuchen: www.lowfat.de. In unseren Foren und mit den vielen Features, die wir hier bieten, werden Sie LOW FETT 30 noch schneller in Ihrem Alltag umsetzen können.

Unser Ziel ist es, Ihnen einen gesünderen Lebensstil zu ermöglichen, auch wenn Sie nicht viel Zeit für sich selbst haben. Wir sind sicher, dass das neue Körpergefühl, dass Sie bekommen werden, sich positiv auf Ihr Körperbewusstsein und Ihr Selbstwertgefühl auswirken wird. Sie werden wieder spüren, was Ihr Körper und Ihre Seele brauchen. Erst wenn wir mit uns selbst wirklich im Reinen sind, haben wir überhaupt die Kraft, anderen zu helfen und für andere da zu sein. Ihre Selbstaufgabe, Ihre Aufopferung für Kinder, Ehemann und Schwiegereltern, ist ein Fass ohne Boden, wenn Sie nicht auch auf Ihre eigenen Bedürfnisse achten – die Ansprüche von denen, die Ihr Leben vereinnahmen, werden nämlich von Tag zu Tag höher, wenn Sie keine Grenzen setzen. Es ist IHR Leben, was da jeden Tag an Ihnen vorbeihetzt … packen Sie es an und ändern Sie zumindest so viel, dass Sie sich wirklich wohl fühlen und dass Sie zufrieden sind.

Wir wünschen Ihnen dabei viel Erfolg!

Herzlichst

Ihre
Gabi Schierz   Gabi Vallenthin

Gabi Schierz (l.)
Gabi Vallenthin (r.)

LOW FETT 30
Die Grundlagen

In ihren 10 Vorgaben für eine gesunde Ernährung empfiehlt die Deutsche Gesellschaft für Ernährung (DGE) unter anderem, dass maximal 30 % der täglich zugeführten Energie aus Fett kommen soll.
Und genau DAS ist LOW FETT 30.

Maximal 30 % der Kalorien, die wir in der Nahrung zu uns nehmen, sollen aus Fett stammen. Achtung: Diese 30 % sind NICHT identisch mit 30 % Fett, auch nicht mit 30 % Fett in Trockenmasse ... es geht um den Brennwert, der aus Fett kommt.
Da Fett als Speicherstoff, als Reservekammer gedacht ist, hat es viele Kalorien bei wenig Volumen: Ein Gramm Fett hat 9 Kalorien. Kohlenhydrate und Proteine (Eiweiß), die beiden anderen Nahrungsgrundstoffe, bringen nur 4 Kalorien pro Gramm mit. Das ist von der Natur clever eingerichtet: Hätte Fett ebenfalls nur 4 Kalorien pro Gramm, müssten unsere Fettpölsterchen doppelt so groß sein um die gleiche Menge an Reserve-Energie zu speichern.
Deshalb macht es auch Sinn, beim Fett anzusetzen, wenn man die Nahrungsenergie vermindern will. Eine Reduktion von 10 Gramm Fett in der Nahrung ist eine Ersparnis von 90 Kalorien. 10 Gramm Kohlenhydrate weniger sind dagegen nur 40 Kalorien. Auch LOW FETT 30 funktioniert über eine Verminderung der täglichen Kalorienmenge. Aber während viele herkömmliche Diäten auf einer pauschalen Verminderung der Kalorienzahl basieren – und zudem mit umfangreichen Diätplänen aufwarten – kommen wir bei LOW FETT 30 mit drei einfachen Regeln aus:

Regel 1: Essen Sie, wenn Sie Hunger haben

Damit meinen wir, dass Sie nicht hungern sollen. Es ist nicht nötig, zu frieren und mit knurrendem Magen herumzusitzen. Aber essen Sie auch wirklich nur dann, wenn Sie wirklich HUNGER haben – nicht aus Frust, nicht aus Langeweile und nicht, weil irgendetwas lecker aussieht und köstlich riecht.

Regel 2: Hören Sie auf, wenn Sie satt sind

Sie sollen nicht mit einem „Salatblatt an Tomate" auskommen. Sie sind ja kein Spatz! Sie müssen sich satt essen. Aber Sie sollten sich nicht „voll fressen". Und bevor Sie sich zum zweiten oder dritten Mal nachnehmen, sollten Sie hinterfragen, ob Sie wirklich noch HUNGER haben, oder ob Sie einfach weiter essen, weil es mal wieder so lecker ist.

Regel 3: Alles, was Sie in den Mund schieben, soll LOW FETT 30 sein

Jedes Stück für sich. Egal, ob es ein Keks ist, ein Brot oder eine Pizza: Das Lebensmittel, dem die Ehre zuteil wird, Ihren Hunger zu stillen, darf das nur, wenn es nicht mehr als 30 % der Kalorien aus Fett mit sich bringt. Achtung: Man kann Prozente nicht addieren. Wenn Ihr Frühstück 21% der Kalorien aus Fett hatte, dann darf auch jede andere Mahlzeit 30 % der Kalorien aus Fett haben. Aber: Sie sollten nur DANN etwas in den Mund schieben, wenn Sie wirklich Hunger haben. Das ist übrigens weitaus schwieriger als die Rechnerei, ob ein Lebensmittel LOW FETT 30 ist. Die meisten von uns können „Hunger" und „Appetit" nicht mehr trennen. Und „satt" und „vollgefressen" ebenso wenig. Regel 3 ist tatsächlich die einfachste der drei Regeln.

Die LOW FETT 30-Berechnung

Um herauszufinden, ob ein Lebensmittel LOW FETT 30 ist, gibt es mehrere Methoden. Wenn Sie den exakten Wert wissen möchten, wie viele Prozent der Kalorien bei dem jeweiligen Produkt oder Rezept aus Fett kommen, benötigen Sie die Fettformel.

Die LOW FETT 30-Fettformel

$$\frac{Gramm\ Fett\ x\ 9\ kcal\ x\ 100}{Gesamtkalorien} = \%\ Fettkalorien$$

Sie brauchen dafür natürlich eine Nährwertangabe, entweder auf dem Produkt selbst oder anhand unserer Bücher. Aus den Nährwerttabellen entnehmen Sie die Fett in Gramm, setzen diese in die Formel ein und die Gesamtkalorien kommen unter den Strich. Ist der Wert, der da rauskommt, kleiner oder gleich 30,00 %, können Sie sich am jeweiligen Gericht satt essen. Ist er größer, lassen Sie es liegen.

Sollten Sie die Nährwerte einzelner Produkten (Ihrem Lieblings-Schokoriegel oder einem bestimmtes Eis) nicht finden, können Sie auch in unserem Forum im Internet nachfragen. Meist erhalten Sie innerhalb weniger Minuten kompetente Auskunft von anderen Usern.

Schnell-Berechnung

Es gibt noch eine Blitzberechnung, die Ihnen sagt, ob das jeweilige Produkt LOW FETT 30 ist oder nicht:
Teilen Sie die Gesamtkalorien durch 30. Ist der Wert, der da rauskommt, kleiner als der auf der Packung angegebene Wert für den Fettgehalt (in Gramm), ist das Produkt LOW FETT 30. Liegt er darüber, lassen Sie es liegen.
Beispiel: Auf einer Packung steht:
210 kcal Gesamtkalorien, 6,2 g Fett:
210 : 30 = 7 … 6,2 ist weniger. Folglich ist das Produkt LOW FETT 30!

Seien Sie schon beim Einkauf konsequent

Natürlich können Sie auch Produkte kaufen, die mehr als 30,00 % der Kalorien aus Fett haben, aber die Erfahrung zeigt: Wenn man ein Mal anfängt, den Spielraum zu erweitern, ist man ruckzuck wieder drin im alten Schlendrian. Daher: Kaufen Sie nur Sachen, die LOW FETT 30 sind. Und dann ist es ganz einfach, denn LOW FETT 30-Produkte können Sie beliebig miteinander kombinieren – das Resultat daraus wird ebenfalls LOW FETT 30 sein, egal wie sie die einzelnen Zutaten gewichten. Was so umständlich klingt, ist in der Praxis ganz einfach:

Sie möchten ein Brötchen ins Büro mitnehmen: Das Brötchen selbst ist LOW FETT 30 (es sei denn, Sie haben so ein fettes „Körner"-Brötchen erstanden, das in Wirklichkeit ein (Öl-) Sämereien- Brötchen ist, aber Sie können ja in unseren Listen nachsehen, welche Brötchen Sie bedenkenlos nehmen können). Also, wir gehen jetzt davon aus, dass das Brötchen wirklich LOW FETT 30 ist. Und als Belag nehmen Sie „Buko Activ" aus Ihrem Kühlschrank, der ist nämlich auch LOW FETT 30. Legen Sie jetzt (LOW FETT 30-) Salatgurkenscheiben drauf und nehmen reichlich vom (LOW FETT 30-) Lachsschinken aus dem Eigenmarken-Sortiment Ihres Supermarktes.

Ob Sie jetzt die halbe Packung Buko auf das Brötchen schmieren und nur eine dünne Scheibe Schinken … oder den Anteil 50:50 gewichten … oder 100 Gramm Schinken auf das Brötchen legen … darüber entscheiden Sie aufgrund Ihrer persönlichen Vorlieben und anhand Ihrer „Tagesform". Da alle Zutaten LOW FETT 30 sind, ist das Endergebnis – Ihr Buko-Schinken-Brötchen – ebenfalls LOW FETT 30.

Wenn Sie nur eine einzige Zutat dazu nehmen, die NICHT LOW FETT 30 ist (z.B. Butter, fetten Aufstrich oder Salami), müssten Sie anfangen zu wiegen und im Detail zu rechnen. Das geht natürlich, ist aber unangemessen aufwändig. Schneller und einfacher ist es, wenn Sie nur LOW FETT 30-Zutaten miteinander kombinieren. Dann können Sie anschließend nichts mehr falsch machen.

Mit dieser Methode schaffen es sogar ausgemachte Morgenmuffel im Halbschlaf ein Frühstück zuzubereiten. Und genau diese Methode wenden Sie auch beim Kochen an: LOW FETT 30-Nudeln + LOW FETT 30-Tomatensauce + LOW FETT 30-Gemüse und –Gewürze … und schon ist das gesamte Essen LOW FETT 30. Den Parmesan dazu, den müssen Sie exakt wiegen, damit Ihnen das Nudel-gericht nicht doch noch zu fett wird.

Das Prinzip funktioniert bei der Zubereitung von Pizza genau so wie beim Sonntagsbraten oder bei der Geburtstagstorte. Kaufen Sie also konsequent fettarme Lebensmittel ein … dann ist die Möglichkeit, später irgendetwas falsch zu machen, so gut wie ausgeschlossen!

Naturbelassene Lebensmittel, die immer <u>LOW FETT 30</u> sind

- Nudeln
- Reis
- Kartoffeln
- Mehl
- Getreideflocken
- Gemüse (außer Oliven und Avocado)
- Obst
- Filet vom Rind, vom Schwein, vom Huhn, vom Lamm
- Rückenstücke vom Rind und vom Wild
- Muskelfleisch vom Rind, vom Schwein, vom Wild
- Forelle ohne Haut
- Eiweiß
- 1,5 %ige Milch
- Magerjogurt
- Zucker, Honig

Naturbelassene Lebensmittel, bei denen Sie die <u>Nährwerte prüfen</u> müssen

- Normale Milchprodukte (Joghurt, Milch, Frischkäse ...)
- Schinken
- Fisch und Fleisch, die nicht in der ersten Liste aufgeführt wurden

Schauen Sie auf die Zutatenliste!

Jetzt müssen Sie nur noch Ihr Köpfchen anschalten und die Zutatenliste ansehen. Ein paar Beispiele zur Übung:

■ In Olivenöl eingelegtes Gemüse (wie bei Antipasti) ... viel Öl ... Gemüse mit wenig Kalorien ... der messerscharfe Schluss: nicht LOW FETT 30.

■ Vollwertbrot mit Schinken und einem halben Teelöffelchen Halbfettmargarine? Wahrscheinlich LOW FETT 30, wenn die Brotscheibe nicht zu dünn und der Schinken LOW FETT 30 ist.

■ Spaghetti mit Tomatensauce: Taucht bei der Tomatensauce Öl im Zutatenverzeichnis auf? Oder „Pflanzenfett"? Dann ist sie nicht LOW FETT 30. Stehen nur Tomaten, Wasser und Salz drauf, können Sie auch das ganze Glas Tomatensauce über Ihre Spaghetti gießen.

Sie sehen: Die Mischung der Grundzutaten ist entscheidend. Wenn Sie also Ihren Kühlschrank erst einmal gründlich „entfetten", und Ihre Lebensmittel durch LOW FETT 30-Lebensmittel ersetzen, können Sie später nichts mehr falsch machen – außer, es reitet Sie der Teufel und Sie kippen beim Kochen dann doch noch Schmand, Sahne und Butter zum Essen.

Wie Sie fettarm kochen, sehen Sie anhand unserer einfachen Rezepte ab Seite 24. Die Mischung hier ist bei allen unseren Rezepten so gewählt, dass das jeweilige Gericht LOW FETT 30 ist.

Naturbelassene Lebensmittel, die nie LOW FETT 30 sind

- ■ Margarine
- ■ Öle
- ■ Nüsse (Haselnuss, Erdnuss, Walnuss, Mandeln ...)
- ■ Sämereien/Ölsaaten (Sesam, Leinsamen, Sonnenblumenkerne, Kürbiskerne, Mohn, Pinienkerne ...)
- ■ Butter, Sahne, Schmand
- ■ Majonäse
- ■ Käse (außer Original Harzer Käse)
- ■ Haut/Fettränder/Schwarte von allen Tieren
- ■ Eigelb
- ■ Fette Fische wie Lachs, Makrele, Karpfen, Sardinen, Aal
- ■ Oliven
- ■ Avocado

Was Sie über Fett
wissen sollten

Ihr Körper braucht Fett

Tja, das ist jetzt der Moment, wo die Sache ein kleines bisschen komplizierter wird: Einige Fette kann unser Körper nämlich nicht selbst bilden, obwohl er sie dringend braucht. Folglich müssen wir sie mit der Nahrung aufnehmen. Und weil sie lebenswichtig sind, bezeichnet man diese Fette auch als „essentiell".

Anhand ihres Aufbaus werden Fette in verschiedene Gruppen unterteilt:

Gesättigte Fette
Gesättigte Fette sind überwiegend tierische Fette, wie sie in Fetträndern und Milchprodukten vorkommen.

Ungesättigte Fette
Ungesättigte Fette stammen aus Pflanzen wie Nüssen und Ölsaaten, aus Sojaprodukten und Seefisch. Die essentiellen Fette, also die, die unser Körper nicht selbst herstellen kann und die wir unbedingt aufnehmen müssen, gehören zu den ungesättigten Fetten. Doch auch wenn die essentiellen Fette lebensnotwendig sind, müssen wir davon keine großen Mengen verzehren: 20 Gramm pro Tag – egal ob in Form von rohen Nüssen oder kaltgepresstem Öl – reichen völlig aus, um die Fettversorgung sicher zu stellen. Die essentiellen Fette liefern übrigens – genau wie das ungesunde Fett – 9 Kalorien pro Gramm. Bei den gesättigten Fetten können Sie dagegen die Schraube eng anziehen: Ein bisschen was flutscht in der Nahrung immer durch, es sei denn, sie ernähren sich vegan (vegetarisch ohne tierische Produkte wie Milch oder Ei).

Die 1,5 g Fett pro 100 ml bei der fettreduzierten Milch, das eine Gramm bei 100 Gramm Lachsschinken … die 15 Gramm beim fettreduzierten Käse … und schon ist es fast wieder zu viel.

Wer bei LOW FETT 30 übertreibt und gar kein Fett mehr zu sich nimmt, wird nach 2 bis 3 Wochen einen unsäglichen Appetit auf Alles bekommen. Diese Fressgier lässt sich umgehend beheben: Ein einfaches Brot mit Margarine … und schon ist dieser Wahnsinns-Appetit verschwunden. Unser Körper schickt uns einfach auf „Futtersuche", wenn uns essentielle Nahrungsbausteine fehlen.

Fettkonsum und Cholesterinspiegel

Es ist übrigens keineswegs so, dass bei allen Menschen der Cholesterinspiegel steigt, wenn sie Fett essen und sinkt, wenn sie es lassen. Die Höhe des Cholesterinspiegels ist zu einem großen Teil genetisch bedingt. Ebenso wie die Veranlagung zu einem bestimmten Blutdruck wird die Veranlagung zu einem niedrigen oder hohen Cholesterinspiegel vererbt. Dennoch kann man durch seine persönlichen Lebensgewohnheiten den Cholesterinspiegel beeinflussen.

Der Gesamtcholesterinspiegel unterteilt sich in

HDL-Cholesterin
= High Density Cholesterine
= „gesundes" Cholesterin
und
LDL-Cholesterin
= Low Density Cholesterine
= „ungesundes" Cholesterin

Früher galt ein Cholesterin-Wert von 200 + Lebensalter als „normal", heute empfehlen die Ärzte, den Cholesterinspiegel unter 200 zu drücken. Das Problem dabei ist nur, dass das bei vielen Menschen aufgrund ihrer Veranlagung gar nicht geht. Es gibt 15-jährige, schlanke Teenies, die mit einem Cholesterinwert um die 300 aufwarten ... mit Ernährung ist da wenig zu machen, das ist einfach Erbgut.

Verteilung von LDL und HDL-Cholesterin

Naturgemäß ist der Anteil des LDL-Cholesterins wesentlich höher als der des HDL. Wer mindestens 25 % Anteil vom HDL-Cholesterin am Gesamtcholesterin hat, ist im grünen Bereich. Den Anteil des HDL-Cholesterins können Sie durch den vermehrten Verbrauch von Olivenöl und anderen Pflanzenölen anheben – natürlich unter gleichzeitigem Verzicht von gesättigten Fetten. Wenn Ihr Fettstoffwechsel nur einigermaßen funktioniert, dann dürften Sie nach einem Jahr LOW FETT 30 den Anteil des HDL ohne Anstrengung auf 25 % angehoben haben.

Tipps fürs Einkaufen von Pflanzenölen

Kaufen Sie Öle nach Möglichkeit kalt gepresst aus dem Bioladen oder aus biologischem Anbau. Widerstehen Sie der Versuchung, aus Ihrem Urlaub in Griechenland oder Italien einen 10 l-Kanister mitzubringen – Öle werden einfach nach einer Weile ranzig. Das kann man nur verhindern, wenn man sie nach dem ersten Öffnen der Flasche schnell verbraucht und nach Möglichkeit kalt und dunkel lagert (z.B. im Kühlschrank).
Wechseln Sie die verschiedenen Öle ab. Wenn Sie gerne Olivenöl mögen, dann nehmen Sie zu Ihrem Olivenöl-Vorrat noch ein Fläschchen Weizenkeimöl oder Leinöl hinzu. Auch ein Stück Avocado aufs Brot oder 100 Gramm grüne Oliven (z.B. im Salat) liefern gute Fette. Alternativ dazu können Sie auch Nüsse in Ihren Vorrat mit aufnehmen – vorausgesetzt, Sie haben so viel Selbstbeherrschung, sich nicht täglich an den Nüssen zu vergreifen. 10 Haselnüsse liefern bereits rund 100 Kalorien. Ein Teelöffel Leinsamen ins Müsli oder aufs Brot ist auch nicht schlecht – vorausgesetzt, Sie vertragen Leinsamen.

Alles ganz einfach - fangen Sie an !

Sie kennen jetzt die Grundlagen von LOW FETT 30. Sie wissen, welche Lebensmittel wenig Fett haben und welche viel Fett haben. Jetzt können Sie loslegen. So klappt es bestimmt:

Ihre Gewohnheiten

Machen Sie sich klar, was Sie besonders gerne essen. Und wann sie zu Ihren Lieblingsspeisen greifen. Überlegen Sie, welche Mahlzeiten für Ihr Wohlbefinden besonders wichtig sind. Ist es das große Frühstück, das Sie brauchen … oder jeden Tag einen großen Salat? Ist Fleisch für Sie unverzichtbar … oder täglich etwas Süßes? Essen Sie viel außer Haus … oder ist der Pizza-lieferservice Ihre Hauptversorgungsquelle? Je mehr Sie sich über Ihre persönlichen Vorlieben im Klaren sind, umso einfacher können Sie sich Ihre LOW FETT 30-Variante basteln.

Die Umstellung eines „Normal-Haushalts"

Schritt 1: Ausmisten

Gehen Sie mit dem eisernen Besen durch Ihre Vorräte: Fette Tiefkühlgerichte, fette Saucen, üppige Kekse und alle gesättigten Fette fliegen entweder gleich raus oder werden nach und nach sparsam aufgebraucht. Meist ist das Raus-schmeißen für einen guten Start besser. Es hat eine befreiende, reinigende Wirkung … und man hat das Gefühl von einem echten „Neu-beginn". Dann ersetzen Sie die Lebensmittel, die nicht LOW FETT 30 waren, durch LOW FETT 30-Varianten.

Schritt 2: Setzen Sie auf Sicherheit

Von den Grundnahrungsmitteln, die per se LOW FETT 30 sind, sollten Sie alle Varianten im Haus haben, die Sie gerne mögen. Sie sind ein Pasta-Fan? Dann nix wie los und Saucen oder Saucengrundlagen kaufen, von „Arrab-biata" bis Gemüse/Tomate. Und Brot? Gibt's zum Frühstück, je vollwertiger umso besser. Denn ballaststoffreiche Nahrungsmittel wie Vollwertbrot (ideal aus dem Bioladen oder sogar selbst gebacken), Vollwertreis, Gemüse und heimische Obstsorten machen satt und halten länger vor als Baguette-Brötchen mit frischer Honigmelone – auch wenn es unterm Strich die gleiche Kalorienmenge ergibt. Kaufen Sie bei Müslis und Säften nur Pro-dukte, die keinen zusätzlichen Zucker haben – damit Sie sie zum einen gut vertragen (gezu-ckerte Müslis machen schneller Blähungen als ungezuckerte) und zum anderen nicht zu viele Kalorien zuführen. Falls Sie keine Möglichkeit haben, Ihre Säfte selbst zu pressen, wählen Sie naturbelassene „Direktsäfte" aus der Kühl-theke des Supermarktes; sie sind nur minimal erhitzt – was die Vitamine schont! Sie werden auch feststellen, dass Sie diese Säfte besser vertragen als herkömmliche Fertigsäfte – selbst wenn Sie einen empfindlichen Magen haben.

Quark und Frischkäse, Milch und Joghurt: Kaufen Sie diese Produkte nur in der LOW FETT 30-Version ein. Sie können sich, wenn Sie Hunger haben, dann ausschließlich darauf kon-zentrieren, welche Sorte Ihnen jetzt am besten schmecken würde – und müssen nicht mehr überlegen, ob Sie dieses oder jenes überhaupt essen dürfen.
Es gibt auch Fertig-Pizzen, die LOW FETT 30 sind. Die schmecken teilweise wie die vom Italiener (z.B. „La Pizza" von Wagner) – haben aber deutlich weniger Fett.

Schritt 3: Nehmen Sie sich Zeit zum Essen

Essen Sie nicht mehr im Stehen, nicht im Vorbeigehen, nicht auf der Straße. Gönnen Sie sich Ruhe zum Essen. Falls Sie Familie haben oder einen Partner, machen Sie die Essenszeit zum sozialen Treffpunkt. Bestehen Sie auf festen Zeiten und lassen Sie weder laute Musik noch Gameboys noch den Fernseher laufen.

Vergällen Sie den Kindern nicht die Entspannung, indem Sie sie über die Schule und (womöglich schlechte) Zensuren ausquetschen. Das gemeinsame Essen soll in einer freundlichen und netten Atmosphäre stattfinden. In Ruhe. Halten Sie Ihre Kinder (und Ihren Mann) zu langsamem Essen an. Eine kleine Korrektur der Tischmanieren hier und da schadet auch nicht. Vor allem, wenn sich Ihre Kinder zu viel auf den Teller packen oder wie die „kleine Ferkel" alles in sich hineinschaufeln.

Naschkatzen

Falls Sie eine unverbesserliche Naschkatze sind, ein Süßschnabel, dann schauen Sie in unseren LOW FETT 30-Listen nach und kaufen alle LOW FETT 30-Süßigkeiten, die irgendwie für Sie in Frage kommen. Und dann nehmen Sie sich an einem Sonntagnachmittag die ganze Pracht vor und essen Sie davon, so viel sie mögen.
Wenn es 20 Super-Dickmanns und 500 g Gummibärchen, 10 Schaumwaffeln, 20 Nappos und drei Tüten Marshmallows sein sollten plus 1 ganzer Liter Cranberry-Sorbet von Mövenpick – egal, alle diese gerade genannten süßen Köstlichkeiten sind LOW FETT 30!!!

Wenn es Ihnen danach kodderig ist – auch okay! Diese „Süßigkeiten-Schlacht" dient dazu, Ihrem Körper und Ihrem Kopf klar zu machen, dass Sie solche Dinge immer haben können, wenn Sie meinen, sie zu brauchen. Sie werden sehen, dass Sie nach 14 Tagen überhaupt nicht mehr an den Schrank mit den Süßigkeiten rangehen. Zumindest nicht in nennenswertem Umfang. Ein, zwei Gummibärchen. Mal ein einzelner Super-Dickmann. Aber dieser Heißhunger, der jeden anderen Gedanken verdrängt, ist komplett weg.

Das gleiche gilt für Knabber-Fans: Die SCHIPPS von XOX sind LOW FETT 30, ebenso die „Big Sticks" mit Sesam . Und die Apfelchips, für die, die mal was ganz Neues ausprobieren wollen, die Filinchen, die Brotcräcker von Neukircher ... Sie brauchen nur Ihre Nährwerttabelle und einen gut sortierten Supermarkt. Und wenn Ihr Supermarkt „Ihre" Produkte nicht führt, dann fragen Sie einfach öfter mal nach! Kaufleute, denen die Wünsche ihrer Kunden wichtig sind, gibt es zum Glück immer mehr.

Die schwedische Variante

Von einem schwedischen Freund haben wir ein tolle Variante bezüglich Süßigkeiten gehört, die angeblich mit den meisten Kindern in Schweden praktiziert wird: Die Kinder dürfen einen Tag pro Woche zum „Süßigkeiten-Tag" ernennen. An diesem Tag werden alle (LOW FETT 30-) Süßigkeiten in einer großen Schale aufgestellt und alle können so viel davon essen wie sie wollen. Am Abend ist dann Schluss. Bis zur nächsten Woche.

Kinder (und auch Sie als Eltern) lernen so einen relativ normalen Umgang mit Süßem – und Sie kommen als Eltern ohne Verbote aus. Die Regel wurde von Ihren Kindern durch die „richtige" Wahl des Tages schließlich wesentlich mitgestaltet!

Bewegung gehört dazu

Wir sagten es schon am Anfang: Bewegung gehört zum LOW FETT 30-Konzept dazu. Allerdings meinen wir damit nicht den Sport, mit dem man Ihnen im Sportunterricht den Tag verdorben hat. Es geht nicht um bestimmte „Leistungen" oder gar um „Bestzeiten". Es geht um Bewegung in Form einer Art „Sauerstoff-Kur". Um das An- und Entspannen von Muskeln. Um den Aufbau von Muskulatur. Um das Anheben der Pulsfrequenz. Um bessere Durchblutung.

Sie sollen nicht – womöglich mit 20 Kilo Übergewicht – morgen früh zum 10 Kilometer Waldlauf starten. Immer schön geduldig bleiben … und langsam die Dosis steigern. Man unterscheidet beim Training ganz grob in Ausdauer und Muskelaufbau: Meistens fällt Übergewichtigen mit athletischem Körperbau der Muskelaufbau leichter als die Ausdauer, wogegen die Schlanken schon mit wenig Trainingsaufwand super laufen können, sich aber abrackern müssen für ein paar „Muckis".

Wenn Sie völlig untrainiert sind, ist es wichtig, Ihren Körper langsam aber gezielt umzugewöhnen. Lassen Sie sich in einem guten Fitness-Studio einen Trainingsplan erstellen – was am Anfang meist bedeutet: 15 Minuten auf niedriger Stufe Fahrrad fahren und dann zwei bis drei Runden rund 10 bis 15 Fitnessgeräte bei geringem Gewicht absolvieren.

Das Aufwärmtraining am Anfang wird dann später bis auf 30 Minuten gesteigert … und an das Gewichte-Training werden irgendwann einmal weitere 30 Minuten Ausdauer angehängt. Je länger Sie sich in einem etwas erhöhten Pulsbereich am Stück bewegen, umso mehr geht Ihr Körper an die Fettreserven.

Die Fettverbrennung läuft nach ca. 20 Minuten optimal – wobei Sie natürlich von Anfang an auch Fett verbrennen. Wenn aber Ihr Blutzuckerspiegel ein bisschen reduziert wurde, verstoffwechselt der Körper leichter das Depotfett. Bei einer Stunde Training auf dem „Cross-Trainer" (einem Trainingsgerät, bei dem Arme und Beine gleichzeitig gefordert werden) wird Ihnen (wenn Sie Glück haben) angezeigt, dass Sie in dieser Zeit rund 800 kcal verbraten (Sind Sie ein Mann, sind es gleich 300 kcal mehr! Ist das nicht ungerecht??). Auf dem Fahrrad verbrennen sind in der gleichen Zeit rund 400 Kalorien – etwa die Hälfte.
Auch wenn man mit feuchten Augen an diesen Anzeigen klebt und sich ausrechnet, wie viel (oder eigentlich „wie wenig") Joghurt man dafür essen dürfte, machen Sie sich bitte von diesen Angaben frei. Entscheidend ist nicht, dass Sie möglichst viele Kalorien verheizen, entscheidend ist, dass Sie durch regelmäßigen Sport Muskelmasse aufbauen, die dafür sorgt, dass ihr täglicher Grundumsatz höher ist.

Bei drei Trainingseinheiten pro Woche können Sie rund 2.000 Kalorien extra verbrennen – und innerhalb weniger Wochen ohne Gewichtsabnahme eine ganze Kleidergröße verlieren. Dabei ist gar nicht einmal der Gewichtsverlust an der schmaleren Silhouette Schuld: Sport strafft Ihren Körper – und der Grund für die fehlende Gewichtsabnahme liegt darin, dass Muskeln mehr wiegen als Fett. Bei gleichem Gewicht ist der Bauch kleiner, die Arme erhalten schöne Konturen, Po und Beine formen sich zu „Hinguckern". Da Ihr ganzer Körper besser durchblutet wird, haben Sie bessere Laune, Ihr Immunsystem läuft optimal, Sie sind voller Power. Wahrscheinlich werden Sie nachts besser schlafen – und morgens leichter aus den Federn kommen.

Wichtig ist, dass Sie langsam anfangen und auch noch in drei Monaten am Ball bleiben. Lassen Sie sich nicht entmutigen, weil Sie nicht gleich die großen Erfolge sehen können.
Lassen Sie sich auch nicht von der Leistungsfähigkeit der anderen entmutigen. Das sollte Ihnen völlig wurscht sein!

Wo Sie sind, ist vorne. Loben Sie sich dafür, dass Sie soooo brav zum Sport dackeln …

Ihre Zeit wird kommen!

Werfen Sie die Waage raus

Gehören Sie auch zu den Menschen, die Erfolge sofort sehen möchten? Die nach einem Tag Disziplin auf die Waage steigen in der sicheren Erwartung, mindestens ein Kilo weniger zu wiegen? Und die dann am Boden zerstört sind, wenn es NICHT so ist?

Schmeißen Sie die Waage raus. Deponieren Sie sie bei einer Freundin und wiegen Sie sich höchstens ein Mal im Monat. Es ist nämlich wirklich piepegal, was so ein Ding anzeigt ... wieso wir alle so auf unsere Waagen fixiert sind, ist uns echt ein Rätsel. Wenn Sie abnehmen, seien Sie versichert: Sie werden es merken! Auch wenn Sie zunehmen sollten – Sie würden es merken.
Entscheidend ist doch nicht, was Sie wiegen, entscheidend ist, wie Sie sich fühlen. Wie Sie drauf sind. Wie sehr Sie in Ihrem Körper zuhause sind.

Ob eine Waage nun zu Ihrem Körpergefühl „70 Kilo" oder „90 Kilo" meint ist doch wirklich egal. Wichtig ist, dass Sie sich leiden können ... und sollte die Waage gestern tatsächlich 90 Kilo gezeigt haben und Sie 160 cm groß sein – dann müssen Sie eben was ändern. Aber für diese Erkenntnis hätte es auch nicht unbedingt einer Waage bedurft!
Jeder Tag, an dem Sie sich besser fühlen als am Vortag, ist ein Erfolg.
Jeder Millimeter, den Ihre Lieblingshose lockerer sitzt, ist ein Erfolg.
Jedes Lächeln, das Sie MEHR im Gesicht haben als bislang, ist ein Erfolg. Und jedes „Nein", mit dem Sie für eine Verbesserung Ihrer Lebensumstände sorgen, ist ein Riesenerfolg. Und das hängt bitte, bitte NICHT von einer Waage ab!

Trinken – ein ganz
wichtiger Faktor

Ein kurzes Kapitel: Wasser ist das natürlichste Getränk, das es gibt – egal ob still oder mit Kohlensäure, trinken Sie Mineralwasser in möglichst großen Mengen. Um das umzusetzen, sollten Sie überall, wo Sie sich aufhalten, Wasserflaschen hinstellen, und immer daraus trinken, wenn Sie die Flasche wahr nehmen.

Vermeiden Sie „Soft-Drinks", also Cola, Limonade, womöglich noch mit Zucker. Saftschorlen – mit frischen Säften oder mit kühlfrischen Säften – sind dazu eine ganz gesunde und köstliche Alternative.

Beschränken Sie Alkohol auf ein Mindestmaß. Wenn Sie heute 2 „Viertele" pro Abend trinken, sind das 2 zu viel. Auch wenn Sie in einem Weinanbaugebiet leben! Alkohol blockiert Ihren Stoffwechsel, macht hemmungslos und verfressen, und hat 7 Kalorien pro Gramm – bei einem Weißwein mit 12 % Alkohol sind das 12 Gramm Alkohol pro 100 ml (das sind 84 kcal aus Alkohol), bei 2 Vierteln wären das bereits 420 kcal – und 60 Gramm reiner Alkohol. Das wirklich Schlimme aber ist, dass Alkohol schleichend abhängig macht.

Hinweise
zu den Rezepten

Portionsgrößen

Im Kopf des Rezeptes steht jeweils, für wie viele Personen das Gericht ausgelegt ist. Wenn Sie für mehr oder weniger Personen kochen, erhöhen oder verringeren Sie die Zutatenmenge einfach entsprechend.

Zubereitungszeit

Hier steht die Zeit, die Sie benötigen, um das ganze Gericht zuzubereiten. Sollten dabei längere Zeitspannen auftreten, in denen Sie nichts zu tun haben, so haben wir diese gesondert als Back-, Quell-, Kühlzeit usw. aufgeführt.

Kalorien- und Nährwertangaben

Sie beziehen sich immer auf eine Portion des Gerichts. Die Prozentangabe steht für Fettkalorienprozent.

Bitte beachten Sie, dass Nährwertangaben je nach Datengrundlage variieren können. Außerdem unterliegen die Inhaltsstoffe ein und desselben Lebensmittels natürlichen Schwankungen. Unsere Angaben sind deshalb als Durchschnittswerte anzusehen.

Zutatenmengen

Wenn nicht anders angegeben, gehen wir bei Obst und Gemüse von ungeputzter Rohware aus. Bei Stückangaben (z. B. Zucchini, Paprikaschote, Brotscheiben) beziehen wir uns auf ein Stück mittlerer Größe.

Backofentemperaturen

Sie beziehen sich auf den Elektroherd mit Ober- und Unterhitze. Wenn Sie mit Umluft arbeiten, reduzieren Sie die Temperaturen um 20 %. Die Backzeit bleibt gleich. Haben Sie einen Gasofen, richten Sie sich bitte nach den Herstellerangaben.

Die Abkürzungen

TL	=	Teelöffel (gestrichen)
EL	=	Esslöffel (gestrichen)
Msp.	=	Messerspitze
g	=	Gramm (1000 g = 1 kg)
kg	=	Kilogramm
ml	=	Milliliter (1000 ml = 1 l)
l	=	Liter
kcal	=	Kilokalorien (oder einfach: Kalorien)
KH	=	Kohlenhydrate
F. i. Tr.	=	Fett in der Trockenmasse
ca.	=	circa
°C	=	Grad Celsius
TK	=	Tiefkühl
Ø	=	Durchmesser
F.	=	Fett
gem.	=	gemahlen
geh.	=	gehäuft
abger.	=	abgerieben

Snacks und kleine
Gerichte

Ob fürs Büro oder zum Abendessen:
Mit unseren Snacks und kleinen
Gerichten bringen Sie im Hand-
umdrehen Abwechslung auf Ihren
Teller.

Hähnchensalat im Tortillabrot

Für 4 Personen • Zubereitungszeit: ca. 30 Minuten
Pro Person ca. 278 kcal • 23 g KH • 9 g Fett • 27 % Fettkalorien

½ Salatgurke

1 Knoblauchzehe

200 g Joghurt, 1,5 % Fett

1–2 EL Zitronensaft

Salz

weißer Pfeffer aus der Mühle

1 rote Zwiebel

500 g Hähnchenbrustfilet ohne Haut

1 EL Öl

¼ – ½ TL gemahlener Kreuzkümmel (Kumin)

1 Bund Rucola (Rauke)

200 g Cocktailtomaten

50 g schwarze Oliven

4 Weizenmehl-Tortillas

1. Die Gurke waschen, schälen, längs halbieren und die Kerne herauslöffeln. Die Gurke auf der groben Seite der Rohkostreibe raspeln. Den Knoblauch schälen.

2. Joghurt und Gurkenraspel verrühren und den Knoblauch dazupressen. Alles mit Zitronensaft, Salz und Pfeffer abschmecken.

3. Die Zwiebel abziehen und würfeln. Das Hähnchenfleisch kalt abspülen, trockentupfen und ebenfalls würfeln.

4. Das Öl erhitzen und die Zwiebelwürfel darin glasig dünsten. Die Hähnchenbrust zugeben und unter Rühren anbraten. Alles mit Salz, Pfeffer und Kreuzkümmel würzen und unter gelegentlichem Wenden bei mittlerer Hitze etwa 5 Minuten braten.

5. Den Rucola putzen, waschen, trockenschütteln und in mundgerechte Stücke zupfen. Die Cocktailtomaten waschen und vierteln. Die Oliven vom Stein schneiden. Rucola, Tomaten und Oliven mischen.

6. Die Tortillas nach Packungsanweisung erwärmen. Jeweils etwa 2–3 EL Joghurtsauce auf einen Fladen geben. Darauf einen Teil der Rucola-Tomaten-Mischung geben. Anschließend die gebratene Hähnchenbrust darauf verteilen. Die Tortillas zusammenrollen, mit einem Hölzchen zusammenstecken und sofort servieren. Die restliche Joghurtsauce extra reichen und die verbliebene Rucola-Tomaten-Mischung neben den Tortillas arrangieren.

Snacks und
kleine
Gerichte

24

Panzanella

Für 4 Personen • Zubereitungszeit: ca. 30 Minuten
Pro Portion ca. 427 kcal • 33 g KH • 8 g Fett • 29 % Fettkalorien

750 g vollreife Eiertomaten

Salz

schwarzer Pfeffer aus
der Mühle

3 Sardellenfilets

1 Bund Frühlingszwiebeln

4 dicke Scheiben italienisches
Weißbrot

2 Knoblauchzehen

½ Bund Basilikum

6 EL Weißwein

3 EL Balsamessig

2 EL Olivenöl

1. Die Tomaten waschen, trockenreiben, in Scheiben schneiden und die Stielansätze entfernen. Die Scheiben mit Salz und Pfeffer bestreuen und zugedeckt Saft ziehen lassen. Den Saft aufheben.

2. Die Sardellenfilets kalt abwaschen, trockentupfen und sehr fein hacken. Die Frühlingszwiebeln putzen, dabei das Grün bis auf 5 cm abschneiden. Die Zwiebeln waschen, trockentupfen und fein hacken.

3. Die Brotscheiben würfeln. Den Knoblauch schälen und durchpressen. Die Basilikumblätter von den Stielen zupfen, waschen, trockentupfen und in feine Streifen schneiden.

4. Das Brot in eine Schüssel geben. Knoblauch mit Weißwein und 1 Esslöffel Balsamessig verrühren und auf die Brotwürfel gießen.

5. Die Tomatenscheiben auf Tellern anrichten. Den restlichen Essig mit Tomatensaft, Sardellenfilets, Basilikum und Zwiebeln verrühren und auf die Tomaten geben. Die Brotwürfel zugeben. Alles mit Öl beträufeln, salzen, pfeffern und servieren.

Hawaiischnitten

Für 4 Personen • Zubereitungszeit: ca. 10 Minuten
Pro Portion ca. 260 kcal • 28 g KH • 8 g Fett • 28 % Fettkalorien

4 Scheiben Ananas (Dose)

8 Scheiben Butter-Toast

4 EL Schmand, 24 % Fett

8 Scheiben gebratene Putenbrust

1 Kästchen Gartenkresse

8 EL Chilisauce

8 Scheiben Butterkäse
(30 g pro Scheibe)

1. Die Ananasscheiben gut abtropfen lassen, dann einzeln zwischen 2 Schneidebrettchen legen und mit einem scharfen Messer quer halbieren, sodass aus einer dicken zwei dünne Scheiben entstehen.

2. Von den Toasts 4 Scheiben dünn mit Schmand bestreichen und die Scheiben mit Putenbrust- und Ananasscheiben belegen.

3. Die Kresse mit einer Küchenschere von den Wurzeln schneiden und über die Ananasscheiben streuen. Das Ganze mit Chilisauce beträufeln und mit den Käsescheiben bedecken.

4. Die restlichen Toastscheiben darauf legen und im Sandwich-Toaster 5 bis 6 Minuten toasten. Zuletzt die Toasts diagonal halbieren und sofort servieren.

Panzanella

Seemanns
Sonntagsbrötchen

Für 4 Personen • Zubereitungszeit: ca. 15 Minuten
Pro Portion ca. 354 kcal • 44 g KH • 12 g Fett • 30 % Fettkalorien

1 Rote Bete
4 Baguette-Brötchen
4 Blätter Kopfsalat
½ Bund Schnittlauch
50 g Schmand, 24 % Fett
Salz
weißer Pfeffer aus der Mühle
4 Matjesfilets

1. Die Rote Bete waschen und in reichlich Salzwasser bissfest kochen. Die Rote Bete abkühlen lassen und schälen.

2. Den Backofen auf 220 °C (Umluft 180 °C; Gas Stufe 4) vorheizen. Die Baguette-Brötchen auf der mittleren Schiene 6 bis 8 Minuten aufbacken.

3. Die Salatblätter waschen und trockenschütteln. Den Strunk entfernen. Den Schnittlauch waschen, trockentupfen und in feine Röllchen schneiden.

4. Den Schmand mit dem Schnittlauch verrühren und mit Salz und Pfeffer abschmecken. Die Rote Bete mit einem Bundmesser in dünne Scheiben schneiden.

5. Die Baguette-Brötchen längs halbieren und mit je einem Salatblatt belegen. Ein Matjesfilet auf jedes Salatblatt geben, mit dem Schnittlauchschmand bestreichen und mit etwa 3 Scheiben Rote Bete belegen.

6. Zum Schluss die oberen Brötchenhälften mit dem restlichen Schmand bestreichen und auf die Unterhälften setzen.

Snacks und
kleine
Gerichte

Lachsschinken-Melone-Wrap

Für 4 Personen • Zubereitungszeit: ca. 30 Minuten
Pro Portion ca. 355 kcal • 51 g KH • 12 g Fett • 29 % Fettkalorien

30 g Sonnenblumenkerne

1 kleine Honigmelone (auch Netz- oder Kantalupmelone)

½ unbehandelte Zitrone

1 Bund Basilikum

2 EL Olivenöl

100 g Lachsschinken, in dünnen Scheiben

schwarzer Pfeffer, grob zerstoßen

40 g Parmesan

4 Weizenmehl-Tortillas

2 EL Balsamessig

1. Die Sonnenblumenkerne in einer Pfanne ohne Fett unter Rühren hellbraun rösten. Abkühlen lassen. Die Melone halbieren, entkernen, schälen und achteln. Die Achtel quer in dünne Scheiben schneiden.

2. Die Zitrone heiß waschen, abtrocknen und einen ca. 7 cm langen und 1 cm breiten Streifen Schale dünn abschälen, quer in sehr feine Streifen schneiden. Das Basilikum waschen und trockenschütteln, Blätter von den Stielen zupfen und in feine Streifen schneiden. Melonenstücke, Zitrone, Basilikum und Olivenöl mischen.

3. Die Schinkenscheiben quer in Streifen schneiden. Mit den Sonnenblumenkernen zum Melonensalat geben und mit Pfeffer würzen. Den Parmesan mit einem Sparschäler in dünne Scheiben hobeln.

4. Die Tortillas erwärmen und den Melonensalat darauf verteilen. Mit Balsamessig beträufeln und mit Parmesanspänen bestreuen. Tortillas zusammenrollen und sofort servieren.

Gefülltes Fladenbrot

Für 4 Personen • Zubereitungszeit: ca. 20 Minuten
Pro Portion ca. 332 kcal • 43 g KH • 10 g Fett • 28 % Fettkalorien

100 g griechischer Schafskäse

3 Tomaten

½ Salatgurke

1 kleine gelbe Paprikaschote

100 g Magerquark, 0,3 % Fett

30 g entsteinte, schwarze Oliven

1 EL Olivenöl

1 EL Weißweinessig

1 TL Pizza-Würzmischung

4 große Blätter Eisbergsalat

1 Fladenbrot (300 g)

1. Den Schafskäse mit einer Gabel zerbröckeln. Die Tomaten waschen, trockentupfen, halbieren, die Stielansätze entfernen und in Achtel schneiden.

2. Die Gurke waschen, schälen, längs halbieren und in etwa ½ cm dicke Scheiben schneiden. Die Paprikaschote waschen, putzen und in kleine Würfel schneiden.

3. Das ganze Gemüse mit Schafskäse und Quark in eine Schüssel geben. Oliven, Öl, Essig und Pizza-Würzmischung untermischen. Die Salatblätter waschen und trockenschleudern.

4. Das Fladenbrot in Viertel schneiden. Die Viertel von der Mitte aus so einschneiden, dass Taschen entstehen. Mit einem Esslöffel etwas Salatsauce auf die unteren Hälften der Fladenbrotviertel träufeln, die Eisbergsalatblätter hineinschieben, die Brote mit der Salatmischung füllen und servieren.

31

Pikante Toastschnitte

Für 4 Personen • Zubereitungszeit: ca. 10 Minuten
Pro Portion ca. 212 kcal • 26 g KH • 7 g Fett • 28 % Fettkalorien

2 Knoblauchzehen

4 Scheiben Frühstücksspeck

1 Zwiebel

2 rote Paprikaschoten

4 EL Ajvar (siehe Tipp)

2 EL grüne Pfefferkörner

Salz

weißer Pfeffer aus der Mühle

1 TL Cayennepfeffer

1 Bund Petersilie

8 Scheiben Vollkorn-Toast

1. Die Knoblauchzehen durch die Presse drücken, den Speck fein würfeln. Die Zwiebel schälen, die Paprikaschoten halbieren, putzen, waschen, vom Stielansatz befreien und entkernen. Zwiebel und Paprikaschoten fein würfeln.

2. Den Speck in einer Pfanne auslassen und den Knoblauch dazugeben. Dann die Zwiebel- und Paprikawürfel zum Speck geben und kurz glasig anschwitzen.

3. Das Ajvar mit den Pfefferkörnern unter das Gemüse mischen. Alles mit Salz, Pfeffer und Cayennepfeffer kräftig abschmecken, dann erkalten lassen.

4. Inzwischen die Petersilie waschen, trockenschütteln, fein hacken und unter das Gemüse mischen.

5. Die Gemüsemasse auf vier Toasts streichen, mit den restlichen Toastscheiben bedecken und im Sandwich-Toaster 5 bis 6 Minuten toasten. Die Sandwich-Toasts diagonal halbieren und servieren.

Tipp Ajvar ist eine pikante Paprikazubereitung, die sich auf dem Balkan großer Beliebtheit erfreut. Man erhält sie z. B. in türkischen Lebensmittelgeschäften.

Semmelknödel auf Rucola

Für 4 Personen • Zubereitungszeit: ca. 25 Minuten
Pro Portion ca. 324 kcal • 61 g KH • 10 g Fett • 30 % Fettkalorien

1– 1½ Packung Semmelknödel
im Kochbeutel (8 Stück)

2 TL fein geschnittener
Schnittlauch

150 g Rucola (Rauke)

3 Radieschen

1 hart gekochtes Ei

5 EL Balsamessig

1 EL Olivenöl, kaltgepresst

2 TL Zucker

Salz

weißer Pfeffer aus der Mühle

1. Die Semmelknödel nach Packungsvorschrift gar kochen.

2. Den Salat putzen, waschen und abtropfen lassen. Die Radieschen putzen und waschen. Das Ei schälen und mit den Radieschen fein würfeln. Balsamessig, Olivenöl, Schnittlauch, Zucker, Salz und Pfeffer zu einer Sauce verrühren.

3. Die Knödel in Scheiben schneiden und mit dem Rucola auf Tellern anrichten. Mit der Salatsauce beträufeln, die Radieschen- und Eiwürfel darüber verteilen und servieren.

Tipp Garnieren Sie den Salat mit Schnittlauchblüten, die nicht nur lecker, sondern auch nahrhaft sind. Am besten nehmen Sie welche aus dem eigenen Garten, da die vom Markt mit Pflanzenschutzmitteln behandelt sein könnten.

Gurkenjoghurt

Für 1 Person • Zubereitungszeit: ca. 10 Minuten
Pro Portion ca. 370 kcal • 70 g KH • 3 g Fett • 8 % Fettkalorien

¼ Salatgurke

Salz

1 Zwiebel

1 Knoblauchzehe

100 g Joghurt (1,5 % F.)

1 Spritzer Zitronensaft

Pfeffer

½ TL Zucker

2 Scheiben Roggenbrot

1. Die Gurke waschen und putzen, anschließend schälen, halbieren, entkernen und fein raspeln. Leicht salzen und 5 Minuten ruhen lassen. Die Zwiebel und den Knoblauch schälen und in feine Würfel schneiden.

2. Gurkenraspel ausdrücken. Joghurt in eine Schüssel geben. Gurke, Zwiebel- und Knoblauchwürfel und Zitronensaft zugeben.

3. Mit Salz, Pfeffer und Zucker abschmecken und einige Minuten ziehen lassen.

4. Das Brot mit dem Gurkenjoghurt bestreichen.

Semmelknödel auf Rucola

Paprika-Mais-Quark

Für 1 Person • Zubereitungszeit: ca. 10 Minuten
Pro Portion ca. 455 kcal • 80 g KH • 3 g Fett • 5 % Fettkalorien

1 Paprikaschote
1 Zwiebel
100 g Magerquark
50 g Mais (Dose)
1 Spritzer Zitronensaft
1 EL frische Kräuter
Salz
Pfeffer
2 Scheiben Roggenbrot

1. Die Paprikaschote waschen, putzen, entkernen, die Zwiebel schälen. Beides grob pürieren.

2. Den Quark in eine Schüssel geben. Das pürierte Gemüse, den Mais, den Zitronensaft und die Kräuter zugeben. Alles gut vermengen.

3. Mit Salz und Pfeffer abschmecken, einige Minuten ziehen lassen und mit dem Brot anrichten.

Gemüsepfanne „Toscana"

Für 1 Person • Zubereitungszeit: ca. 25 Minuten
Pro Portion ca. 295 kcal • 53 g KH • 2 g Fett • 7% Fettkalorien

1 rote Paprikaschote
1 Zucchini
100 g frische Champignons
1 Zwiebel
Salz
Pfeffer
1 zerdrückte Knoblauchzehe
2 Scheiben Toastbrot
1 EL gehackter Majoran

1. Paprikaschote, Zucchini und Champignons waschen und putzen. Die Paprikaschote halbieren, entkernen und in feine Streifen schneiden. Die Zucchini in dünne Scheiben schneiden. Die Champignons vierteln. Die Zwiebel schälen und in feine Ringe schneiden.

2. Alles in eine beschichtete Pfanne geben. Zugedeckt, bei mittlerer Hitze ca. 10 Minuten dünsten. Ab und zu rühren.

3. Das gekochte Gemüse mit Salz, Pfeffer und Knoblauch abschmecken.

4. Das Brot toasten. Den Majoran über das Gemüse geben und zusammen mit dem Toastbrot anrichten.

Snacks und
kleine
Gerichte

Backkartoffel mit Kräuterdip

Für 1 Person • Zubereitungszeit: ca. 20 Minuten
Pro Portion ca. 365 kcal • 53 g KH • 6 g Fett • 14 % Fettkalorien

250 g große Pellkartoffeln

1 Zwiebel

100 g Magerquark

50 g saure Sahne

1 Msp. Muskatnuss

1 Msp. Kümmel

1 gehackte Knoblauchzehe

1 Spritzer Zitronensaft

Salz, Pfeffer

½ TL Zucker

1 TL gehackte Petersilie

1 TL gehackte Kresse

1 TL Schnittlauchröllchen

1. Die Kartoffeln auf ein Backblech geben und in einem auf 150 °C vorgeheizten Backofen 20 Minuten ausbacken.

2. Die Zwiebel schälen und in Würfel schneiden. Den Quark, die saure Sahne und die Zwiebelwürfel vermengen. Mit Muskatnuss, Kümmel, Knoblauch, Zitronensaft, Salz, Pfeffer und Zucker abschmecken.

3. Petersilie, Kresse und Schnittlauch unter die Quarkmasse heben und 15 Minuten ziehen lassen. Die Backkartoffeln mit dem Kräuterdip anrichten.

Milchreis mit Trockenobst

Für 1 Person • Zubereitungszeit: ca. 30 Minuten
Pro Portion ca. 825 kcal • 176 g KH • 5 g Fett • 5 % Fettkalorien

80 g Trockenobst (z. B. Pflaumen oder Aprikosen)

250 ml Milch (1,5 % F.)

½ Vanillestange

½ Zimtstange

80 g Rundkornreis

5 TL Zucker

1 Prise Salz

100 ml Weißwein

1 TL brauner Zucker

1. Das Trockenobst 10 Minuten in warmem Wasser einweichen.

2. Die Milch in einen Topf geben und aufkochen lassen. Die Vanillestange halbieren, das Mark ausstreichen und zusammen mit der halben Zimtstange in die Milch geben. Reis, 4 TL Zucker und Salz zugeben. Den Reis unter ständigem Rühren bei geringer Hitze 20 Minuten quellen lassen.

3. Den Wein in einem Topf aufkochen. Das Obst aus dem Einweichwasser nehmen und zusammen mit 1 TL Zucker zum Wein geben und 5 Minuten köcheln lassen.

4. Das Trockenobst in ein Sieb abgießen, abschrecken, abtropfen lassen und in feine Würfel schneiden.

5. Die Vanille- und die Zimtstange aus dem Reis entfernen. Das Trockenobst unterheben und mit dem braunen Zucker garnieren.

Milchreis mit Trockenobst

Pflaumensoufflé

Für 1 Person • Zubereitungszeit: ca. 10 Minuten • Backzeit: ca. 15 Minuten
Pro Portion ca. 390 kcal • 71 g KH • 1 g Fett • 3 % Fettkalorien

80 g entsteinte Trockenpflaumen

20 g Joghurt (1,5 % F.)

3 TL Zucker

1 Prise Salz

3 Eiweiß

1 TL gehackte Pfefferminze

1. Die Pflaumen in warmem Wasser 10 Minuten einweichen.

2. Den Joghurt in einer Schüssel mit dem Zucker und dem Salz vermischen. Die Pflaumen in ein Sieb abgießen, in Würfel schneiden und mit der Joghurt-Mischung verrühren.

3. Das Eiweiß steif schlagen. Den Pflaumenjoghurt in eine kleine Auflaufform geben. Das Eiweiß vorsichtig unterheben.

4. 15–20 Minuten in einem vorgeheizten Backofen bei 180 °C backen. Mit der Minze garnieren.

Salate

Knackig oder saftig-schmatzig, exotisch oder klassisch: Unsere Salatrezepte sind für heiße Sommerabende ebenso geeignet wie als Mitbringsel für die nächste Fete.

Leichter **Kartoffelsalat**

Für 4 Personen • Zubereitungszeit: ca. 30 Minuten
Pro Portion ca. 239 kcal • 36 g KH • 8 g Fett • 28 % Fettkalorien

800 g fest kochende Kartoffeln

Salz

1 Zwiebel

1 EL Senf

4 EL Obstessig

100 ml heiße Kalbsbrühe
(Instant)

Kräutersalz

weißer Pfeffer aus der Mühle

½ Salatgurke

1 Bund Radieschen

2 Tomaten

3 EL Sonnenblumenöl

2 EL gemischte TK-Kräuter

1. Die Kartoffeln in wenig Salzwasser in
20 Minuten gar kochen, noch heiß pellen und
in Scheiben schneiden.

2. Die Zwiebel schälen und klein würfeln. Aus
Senf, Zwiebeln, Obstessig und Kalbsbrühe eine
Marinade herstellen. Die Kartoffeln damit übergießen und vorsichtig vermengen, mit Kräutersalz
und Pfeffer abschmecken.

3. Die Salatgurke, Radieschen und Tomaten
waschen. Gurke und Radieschen in Scheiben
schneiden, die Tomaten achteln.

4. Das Gemüse unter den Salat heben, das Öl
dazugeben, den Salat mischen und zum Schluss
mit den gemischten Kräutern bestreut servieren.

Geflügelsalat mit Chili

Für 4 Personen • Zubereitungszeit: ca. 30 Minuten
Pro Portion ca. 340 kcal • 8 g KH • 10 g Fett • 26 % Fettkalorien

800 g Hähnchenbrustfilet

3 EL Öl

Salz

schwarzer Pfeffer aus der Mühle

1 Salatgurke

1 Bund Frühlingszwiebeln

2 cm Ingwerknolle

1 grüne Chilischote

2 rote Chilischoten

¼ l Kokosmilch (Dose)

1 TL Zucker

1 EL Garnelenpaste, 20 % Fett

1 EL TK-Petersilie

1. Das Fleisch kalt abwaschen, trockentupfen und in 3 cm lange und 1 cm breite Streifen schneiden. Das Öl in einer Pfanne erhitzen und das Fleisch darin bei mittlerer Hitze etwa 3 Minuten braten, salzen und pfeffern. Das Fleisch herausnehmen und abkühlen lassen.

2. Die Salatgurke waschen, schälen, längs halbieren und in 3 cm lange Stücke schneiden.

3. Die Frühlingszwiebeln putzen, das Grün bis auf 5 cm abschneiden. Die Zwiebeln waschen, trockentupfen und sehr fein hacken. Den Ingwer schälen und fein hacken.

4. Die Chilischoten waschen, längs einritzen, entkernen und ebenfalls sehr fein hacken. (Wenn man nicht mit Haushaltshandschuhen arbeitet, danach sofort die Hände waschen).

5. Das Fleisch mit den Gurkenstücken, den Frühlingszwiebeln, dem Ingwer und den Chilischoten in einer Salatschüssel vermischen.

6. Die Kokosmilch mit dem Zucker und der Garnelenpaste verrühren und mit Salz pikant abschmecken. Diese Mischung mit dem Salat vermengen. Den Geflügelsalat mit der Petersilie bestreut servieren.

Orangen-Nuss-Salat

Für 4 Personen • Zubereitungszeit: ca. 25 Minuten
Pro Portion ca. 478 kcal • 72 g KH • 15 g Fett • 29 % Fettkalorien

300 g Hörnchen-Nudeln

1 Orange

1 Blutorange

50 g Walnusskerne

150 g Joghurt, 0,3 % Fett

1–2 EL Salatmajonäse, 50 % Fett

1–2 EL Orangensaft

Salz

schwarzer Pfeffer aus der Mühle

1. Die Nudeln in reichlich, nur leicht gesalzenem Wasser bissfest garen, abgießen, abschrecken und gut abtropfen lassen. Die abgekühlten Nudeln in eine Schüssel geben.

2. Die Orangen schälen und filetieren. Die einzelnen Spalten in kleine Stücke schneiden und zusammen mit den Walnusshälften zu den Nudeln geben.

3. Aus Joghurt, Salatmajonäse und Orangensaft eine Marinade zubereiten, mit Salz und Pfeffer abschmecken und über den Salat geben. Alles gut durchmischen, etwas ziehen lassen und servieren.

Geflügelsalat mit Chili

Kopfsalat „Norddeutsche Art"

Für 4 Personen • Zubereitungszeit: ca. 20 Minuten
Pro Portion ca. 163 kcal • 5 g KH • 3 g Fett • 25 % Fettkalorien

1 Kopfsalat

1 Bund Radieschen

200 g geschälte und gegarte Nordseekrabben

Saft von ½ Zitrone

5 EL Magerquark, 0,3 % Fett

80 g Kaffeemilch

Salz

schwarzer Pfeffer aus der Mühle

Zucker

1 Kästchen Gartenkresse

1. Den Kopfsalat putzen und waschen. Die Blätter in mundgerechte Stücke zupfen, trockenschleudern und auf 4 Tellern verteilen.

2. Die Radieschen putzen, waschen und fein stifteln. Die Krabben unter kaltem Wasser abbrausen und abtropfen lassen.

3. Den Zitronensaft mit Quark und Kaffeemilch verrühren. Mit Salz, Pfeffer und Zucker abschmecken. Die Gartenkresse mit der Küchenschere von den Wurzeln schneiden. Etwas Kresse zum Garnieren beiseite legen.

4. Vor dem Servieren etwas Salatsauce über die Salatblätter träufeln. Die restliche Sauce mit den Radieschen, Krabben und der Kresse vermischen und in die Mitte des Salates setzen. Zum Schluss mit der restlichen Gartenkresse garniert servieren.

Fitmachersalat

Für 4 Personen • Zubereitungszeit: ca. 30 Minuten
Pro Portion ca. 380 kcal • 52 g KH • 9 g Fett • 21 % Fettkalorien

1 kleiner Kopf Eisbergsalat

4 Tomaten

½ Salatgurke

120 g hauchdünner gekochter Schinken

250 g Joghurt, 1,5 % Fett

2 EL Distelöl

2 EL Apfelessig

2 EL Tomatenmark

Zucker

Salz

schwarzer Pfeffer aus der Mühle

1 Kästchen Gartenkresse

4 Mehrkornbrötchen

1. Die Blätter vom Eisbergsalat lösen, waschen und trockenschleudern. Die Salatblätter in mundgerechte Stücke zerpflücken.

2. Die Tomaten waschen und halbieren, die Stielansätze entfernen und die Tomaten in Spalten schneiden. Die Gurke waschen, schälen und in ½ cm breite Scheiben schneiden.

3. Die Schinkenscheiben einzeln zu Röllchen aufrollen. Aus Joghurt, Distelöl, Apfelessig und Tomatenmark ein Dressing rühren; mit Zucker, Salz und Pfeffer abschmecken. Die Kresse mit einer Küchenschere von den Wurzeln schneiden.

4. Die zerpflückten Salatblätter mit den Tomaten und Gurken in einer Schüssel vermengen, auf Tellern anrichten und mit den Schinkenröllchen und der Kresse garnieren. Das Dressing darüber träufeln und servieren. Zum Salat je ein Brötchen reichen.

Tipp Anstelle des Joghurtdressings können Sie auch ein Essig-Öl-Dressing anrühren. Wenn Sie täglich frischen Salat essen, lohnt es sich, eine größere Menge Dressing herzustellen. Sie können es 2 bis 3 Tage in einem Schraubglas im Kühlschrank aufbewahren.

Fitmachersalat

Curryreissalat

Für 4 Personen • Zubereitungszeit: ca. 30 Minuten
Pro Portion ca. 565 kcal • 104 g KH • 10 g Fett • 16 % Fettkalorien

350 g Langkorn-Naturreis

Salz

½ frische Ananas

3 große Bananen

50 g Rosinen

50 g Mandelstifte

300 g Joghurt (1,5 % F.)

1 EL Currypulver

1 EL Honig

4 EL Zitronensaft

etwas Meersalz

etwas Senfpulver

1. Den Reis in Salzwasser in etwa 20 Minuten gar kochen, abgießen, kalt abspülen, abtropfen lassen.

2. Die Ananashälfte schälen, längs halbieren und den harten Kern herausschneiden. Die Bananen schälen. Beides in kleine Stücke schneiden. Den Reis mit Ananas, Bananen, Rosinen und Mandeln mischen.

3. Den Joghurt mit Currypulver, Honig, Zitronensaft, etwas Meersalz und Senfpulver verrühren, abschmecken.

4. Die Salatzutaten mit der Sauce vermengen und den Reissalat anschließend etwas durchziehen lassen.

Chinakohlsalat mit Mandarinen

Für 4 Personen • Zubereitungszeit: ca. 10 Minuten
Pro Portion ca. 80 kcal • 12 g KH • 2 g Fett • 18 % Fettkalorien

1 Chinakohl

1 Dose Mandarinenschnitze
(175 g Einwaage)

300 g Joghurt (1,5 % F.)

etwas Currypulver

Salz

weißer Pfeffer

1 TL Zucker

1. Vom Chinakohl die äußeren Blätter entfernen. Die übrigen Chinakohlblätter ablösen, gut waschen, trockenschleudern und in Streifen schneiden.

2. Die Mandarinen abtropfen lassen, den Saft auffangen. Joghurt, etwas Currypulver, Salz, Pfeffer, den Zucker und 2 EL Mandarinensaft miteinander verrühren.

3. Das Dressing über den Salat geben und alles gut vermischen. Die Mandarinenschnitzchen vorsichtig unterheben und den Salat bis zum Servieren etwas durchziehen lassen.

Chinakohlsalat mit Mandarinen

Farfalle in Erdnuss-Sauce

Für 4 Personen • Zubereitungszeit: ca. 25 Minuten
Pro Portion ca. 541 kcal • 81 g KH • 16 g Fett • 27 % Fettkalorien

400 g Farfalle-Nudeln

Salz

1 EL Sonnenblumenöl

3 EL Erdnussbutter

Saft von ½ Zitrone

schwarzer Pfeffer aus der Mühle

2 Bund Frühlingszwiebeln

2–5 rote Chilischoten

½ Salatgurke

½ Bund Koriander

2 EL geröstete Erdnüsse

1. Die Nudeln in reichlich Salzwasser bissfest garen, abgießen, kalt abschrecken und mit dem Öl vermischen. Für die Sauce die Erdnussbutter mit dem Zitronensaft und 4 Esslöffeln heißem Wasser verrühren und mit Salz und Pfeffer abschmecken.

2. Die Frühlingszwiebeln putzen, waschen, in schräge, dünne Stücke und die Chilis in hauchdünne Scheiben schneiden. Die Salatgurke waschen, der Länge nach halbieren, in 5 cm lange Stücke zerteilen und diese in schmale Streifen schneiden.

3. Die Hälfte der Frühlingszwiebeln und der Gurke mit den Chilis und der Sauce unter die Nudeln mischen. Die andere Hälfte des Gemüses mit den gewaschenen und abgezupften Korianderblättern auf Tellern anrichten. Das Gericht mit den gerösteten Erdnüssen bestreuen und servieren.

Bunter Reissalat

Für 4 Personen • Zubereitungszeit: ca. 20 Minuten
Pro Portion ca. 275 kcal • 44 g KH • 8 g Fett • 26 % Fettkalorien

200 g Reis

Salz

1 kleine Salatgurke

2 rote Paprikaschoten

3 Frühlingszwiebeln

1 Knoblauchzehe

3 EL milder Kräuteressig

Pfeffer

3 EL Olivenöl

1 Bund Petersilie

1. Den Reis in reichlich Salzwasser etwa 15 Minuten kochen, abgießen, abschrecken und gut abtropfen lassen.

2. Die Gurke waschen, längs halbieren und dann quer in Scheiben schneiden. Die Paprikaschoten waschen, halbieren, entkernen und in feine Würfel schneiden. Die Frühlingszwiebeln putzen, waschen und schräg in Ringe schneiden.

3. Die Knoblauchzehe schälen. Den Essig in ein Schälchen geben und den Knoblauch dazupressen. Alles gut verrühren, die Sauce mit Salz und Pfeffer würzen und das Öl darunter schlagen.

4. Die Salatzutaten in einer großen Schüssel miteinander vermischen. Die Sauce auf den Salat träufeln und den Reissalat etwas durchziehen lassen. Die Petersilie waschen, trockenschütteln und fein hacken. Den Salat vor dem Servieren mit der Petersilie bestreuen.

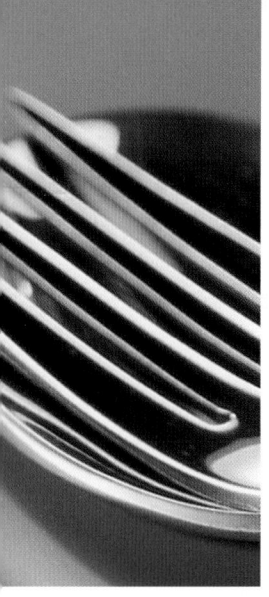

Spaghettisalat mit Tomate
und Mozzarella

Für 1 Person • Zubereitungszeit: ca. 20 Minuten
Pro Portion ca. 640 kcal • 92 g KH • 16 g Fett • 23 % Fettkalorien

120 g Spaghetti

3 Tomaten

1 Möhre

100 g Ananas (Dose)

100 ml passierte Tomaten

20 ml Ananassaft

1 TL Zitronensaft

Salz

Pfeffer

Sambal Oelek

½ TL Zucker

60 g Mozzarella in Streifen

1 TL gehacktes Basilikum

1. Die Nudeln in Salzwasser bissfest kochen. In ein Sieb abgießen, abschrecken und abtropfen lassen.

2. Die Tomaten und die Möhre waschen und putzen. Die Tomaten vierteln, Stielansatz entfernen, entkernen und in Würfel schneiden. Die Möhre fein raspeln. Die Ananas in Würfel schneiden.

3. Die passierten Tomaten mit dem Ananas- und dem Zitronensaft in eine Schüssel geben und vermengen. Mit Salz, Pfeffer, Sambal Oelek und Zucker abschmecken.

4. Tomatenwürfel, Möhrenraspel, Ananaswürfel und Mozzarella unterheben und 10 Minuten ruhen lassen.

5. Die noch warmen Nudeln unterheben und weitere 5 Minuten ziehen lassen. Den Nudelsalat mit dem Basilikum garnieren.

Spaghettisalat mit Tomate und Mozzarella

Eisbergsalat mit
Kefirdressing

Für 4 Personen • Zubereitungszeit: ca. 15 Minuten
Pro Portion ca. 55 kcal • 5 g KH • 2 g Fett • 26 % Fettkalorien

1 Eisbergsalat

300 g Kefir (1,5 % F.)

4 EL Tomatenketchup

Salz

weißer Pfeffer

1 TL Worcestersauce

1. Die äußeren Blätter vom Eisbergsalat entfernen.
Den Salatkopf vierteln und dann jedes Viertel quer in Streifen
schneiden. Die Salatstreifen kurz waschen und trockenschleudern.

2. Für das Dressing Kefir, Tomatenketchup, Salz, Pfeffer und
Worcestersauce gut miteinander vermischen. Das Ganze erst
kurz vor dem Servieren auf den Salat geben.

Nudelsalat mit Früchten

Für 1 Person • Zubereitungszeit: ca. 20 Minuten
Pro Portion ca. 465 kcal • 84 g KH • 7 g Fett • 13 % Fettkalorien

120 g Muschelnudeln

1 Aprikose

1 Apfel

100 g Ananas (Dose)

100 g Joghurt (1,5 % F.)

20 ml Saft von der Ananas

1 Prise Salz

Pfeffer

1 EL Schnittlauchröllchen

frische Minze

1. Die Nudeln in Salzwasser bissfest kochen. In ein Sieb abgießen, abschrecken und abtropfen lassen.

2. Die Aprikose und den Apfel waschen und putzen. Die Aprikose entkernen, vierteln und in Streifen schneiden. Den Apfel schälen, vierteln, entkernen und in Streifen schneiden. Die Ananas würfeln.

3. Den Joghurt mit dem Saft verrühren und mit Salz und Pfeffer abschmecken. Den Schnittlauch zugeben. Die Aprikosen- und Apfelstreifen zusammen mit den Ananaswürfeln unterheben. 10 Minuten zugedeckt ziehen lassen.

4. Die Nudeln in eine Schüssel geben und die Sauce unterheben, etwas ziehen lassen. Mit der Minze garnieren.

Süßwürziger Maissalat

Für 1 Person • Zubereitungszeit: ca. 20 Minuten
Pro Portion ca. 795 kcal • 118 g KH • 18 g Fett • 20 % Fettkalorien

1 grüne Paprikaschote

1 gelbe Paprikaschote

1 Zwiebel

250 g Mais (Dose)

1 EL Olivenöl

2 EL Rotweinessig

1 Spritzer Zitronensaft

1 TL Senf

20 ml Gemüsebrühe (instant)

100 g Magerquark

Salz, Pfeffer

1 TL gehackter Oregano

100 g frisches Baguette

1. Die Paprikaschoten waschen, halbieren, entkernen und in Streifen schneiden. Die Zwiebel schälen, halbieren und in Streifen schneiden. Alles mit dem Mais gut vermengen.

2. Öl, Essig, Zitronensaft, Senf, Gemüsebrühe und Quark in eine Schüssel geben und verrühren. Anschließend mit etwas Salz und Pfeffer abschmecken.

3. Das Gemüsegemisch unterheben und 5 Minuten ziehen lassen. Mit dem Oregano garnieren und mit dem Baguette anrichten.

Nudelsalat mit Früchten

Suppen

Abends noch mal etwas Warmes,
was den Magen sortiert und
kuschelige Kindheitserinnerungen
weckt? Was verregnete Abende und
Wintermatsch verdrängt? Unsere
Suppen helfen bei Erkältungen,
Weltschmerz, Liebeskummer …
und schmecken einfach himmlisch!

Roter Linseneintopf

Für 4 Personen • Zubereitungszeit: ca. 30 Minuten
Pro Portion ca. 472 kcal • 55 g KH • 13 g Fett • 26 % Fettkalorien

2 Stangen Lauch

2 Stangen Staudensellerie

1 mittelgroße Zucchini

2 kleine Fenchelknollen

2 EL Rapsöl

1,5 l Gemüsebrühe (Instant)

2 Knoblauchzehen

240 g getrocknete, rote Linsen

80 g Parmesan

8 Zweige glatte Petersilie

4 EL Tomatenmark

8 EL Weißwein oder etwas milder Weißweinessig

Salz

schwarzer Pfeffer aus der Mühle

1. Den Lauch putzen, waschen und in schräge Ringe schneiden. Den Staudensellerie waschen, putzen und klein schneiden.

2. Die Zucchini waschen, putzen, der Länge nach vierteln und quer in kleine Stücke schneiden. Die Fenchelknollen waschen, putzen und grob würfeln.

3. Das Rapsöl in einem Topf erhitzen und das Gemüse darin andünsten, mit der Gemüsebrühe ablöschen und etwa 10 Minuten köcheln lassen.

4. Die Knoblauchzehen schälen und durch eine Presse zum Eintopf pressen. Die roten Linsen hinzufügen und das Ganze weitere 10 Minuten köcheln lassen.

5. Inzwischen den Parmesan reiben. Die Petersilie waschen und trockentupfen. Die Blättchen von den Stielen zupfen und fein hacken.

6. Den fertig gegarten Eintopf mit Tomatenmark, Weißwein oder Essig, Salz und Pfeffer würzen und abschmecken. Das Gericht auf tiefe Teller oder in Suppentassen verteilen und mit dem Parmesan und der Petersilie bestreut servieren.

Champignoncremesuppe

Für 4 Personen • Zubereitungszeit: ca. 20 Minuten
Pro Portion ca. 251 kcal • 38 g KH • 7 g Fett • 25 % Fettkalorien

500 g Champignons

2 kleine Zwiebeln

1 EL Butter

4 EL Dinkelvollkornmehl

700 ml Gemüsebrühe (Instant)

50 g Sahne, 27 % Fett

4 Brötchen

1. Die Pilze sorgfältig mit Küchenkrepp abreiben, putzen und in feine Scheiben schneiden. Die Zwiebeln schälen, würfeln und in der Butter glasig dünsten. Die Pilze mit dem Mehl bestäuben, zu den Zwiebeln geben und anbraten. 12 Teelöffel gebratene Champignons beiseite legen.

2. Die restliche Pilz-Zwiebel-Mischung mit der Gemüsebrühe auffüllen, kurz aufkochen lassen und pürieren.

3. Die Suppe mit der Sahne verfeinern und auf Teller verteilen. Jeweils 3 Teelöffel Champignons in die Suppe geben. Mit einem Brötchen servieren.

Suppen

Badische Grünkernsuppe

Für 4 Personen • Zubereitungszeit: ca. 25 Minuten
Pro Portion ca. 358 kcal • 56 g KH • 9 g Fett • 23 % Fettkalorien

1 EL Rapsöl

80 g Grünkernschrot

1,4 l Gemüsebrühe (Instant)

600 g TK-Suppengemüse

4 EL Joghurt, 1,5 % Fett

Salz

schwarzer Pfeffer aus der Mühle

4 EL Schnittlauchröllchen

4 Laugenbrezeln

1. Das Öl in einem Topf erhitzen, den Schrot darin kurz anrösten und dann mit der Gemüsebrühe ablöschen. Das Ganze zum Kochen bringen.

2. Das aufgetaute Suppengemüse dazugeben und in 15–20 Minuten gar kochen. Die Kochstelle ausschalten.

3. Die Suppe mit dem Mixstab pürieren. Den Joghurt unter die nicht mehr kochende Suppe rühren.

4. Die Grünkernsuppe mit Salz und Pfeffer abschmecken, in tiefe Teller geben und mit den Schnittlauchröllchen garnieren. Die Laugenbrezeln dazu servieren.

Tipp Wer gerne mehr Fett einsparen möchte, streut den Grünkern in die kochende Suppe, ohne ihn anzurösten. Der Joghurt gerinnt weniger leicht, wenn Sie ihn vorher mit 1 TL Stärke verrühren. Der Kohlenhydratgehalt steigt dadurch nur unwesentlich.

Asiatische Hühnersuppe

Für 4 Personen • Zubereitungszeit: ca. 30 Minuten
Pro Portion ca. 116 kcal • 13 g KH • 4 g Fett • 28 % Fettkalorien

1 l Geflügelbrühe (Instant)

60 g Langkornreis

3 – 4 Zweige Koriander

1 cm frische Ingwerwurzel

2 EL Sojasauce

Salz

2 frische Eier

1. Die Geflügelbrühe zum Kochen bringen. Den Reis hineinstreuen und etwa 20 Minuten garen.

2. Den Koriander waschen, trockentupfen, die Blättchen von den Stielen zupfen und fein hacken.

3. Den Ingwer schälen, ganz fein hacken und etwa 5 Minuten vor Ende der Garzeit zur Suppe geben. Die Suppe kräftig mit Sojasauce abschmecken und salzen.

4. Die Eier mit einer Gabel verquirlen und die Eiermasse langsam in die siedende Brühe einlaufen lassen. Nach etwa ½ Minute mit einer Gabel einige Male umrühren und die so entstandenen Eierblumen weitere 3 Minuten ziehen lassen.

5. Die Suppe auf 4 Suppentassen verteilen und mit dem gehackten Koriander bestreut servieren.

Feurige Kartoffelsuppe

Für 4 Personen • Zubereitungszeit: ca. 25 Minuten
Pro Portion ca. 182 kcal • 26 g KH • 6 g Fett • 27 % Fettkalorien

2 Zwiebeln

2 große, rote Paprikaschoten

4 mittelgroße Kartoffeln (250 g)

2 EL Sonnenblumenöl

1 l Gemüsebrühe (Instant)

etwa ½ TL rosenscharfes Paprikapulver

4–6 Spritzer Tabasco

4 EL Tomatenmark

evtl. Salz

1. Die Zwiebeln schälen, halbieren und in feine Streifen schneiden. Die Paprikaschoten halbieren, putzen, waschen, vom Stielansatz befreien, entkernen und in 1 cm große Stücke schneiden. Die Kartoffeln waschen, schälen und ebenfalls in kleine Würfel schneiden.

2. Das Öl in einem Topf erhitzen. Die Zwiebelstreifen darin glasig dünsten, die Paprika- und Kartoffelwürfel hinzugeben und anbraten.

3. Das Gemüse mit der Brühe ablöschen; mit Paprikapulver, Tabasco und Tomatenmark würzen. Das Ganze zum Kochen bringen und in etwa 15 Minuten fertig garen.

4. Die Suppe nochmals abschmecken, eventuell salzen. Die Suppe in 4 tiefe Teller geben und heiß servieren.

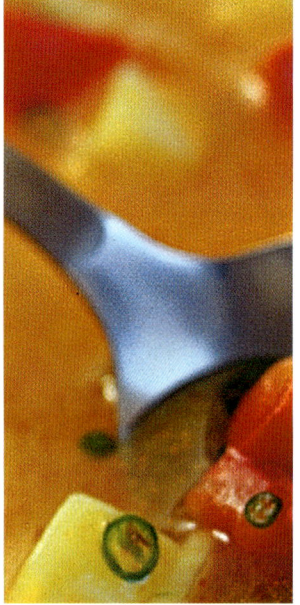

Tipp Die Suppe schmeckt nach diesem Rezept angenehm scharf. Durch Würzen mit Cayennepfeffer oder auch einer klein geschnittenen Chilischote können Sie sie auch höllisch scharf abschmecken.

Gemüsesuppe mit Würstchen

Für 4 Personen • Zubereitungszeit: ca. 25 Minuten

Pro Portion ca. 380 kcal • 41 g KH • 13 g Fett • 30 % Fettkalorien

2 Stangen Lauch

250 g Möhren

1 l heiße Gemüsebrühe

200 g Hörnchennudeln

Salz

100 g TK-Erbsen

4 Geflügelwiener (à 80 g)

2 EL Schnittlauchröllchen

2 EL gehackte Petersilie

1. Den Lauch putzen, waschen und in Scheiben schneiden. Die Möhren putzen, schälen und in Würfel schneiden.

2. Die Brühe zum Kochen bringen, das Gemüse, die Nudeln und etwas Salz hineingeben und alles bei schwacher Hitze etwa 10 Minuten kochen lassen. Nach etwa 8 Minuten die Erbsen zugeben.

3. Die Würstchen in Scheiben schneiden, in die Suppe geben und heiß werden lassen, nicht mehr kochen. Nach etwa 5 Minuten die Kräuter unterrühren und die Suppe servieren.

Feurige Kartoffelsuppe

Reisnudelsuppe

Für 4 Personen • Zubereitungszeit: ca. 20 Minuten
Pro Portion ca. 142 kcal • 23 g KH • 4 g Fett • 22 % Fettkalorien

200 g bandförmige Reisnudeln

200 g frischer Blattspinat,
ersatzweise TK-Blattspinat

150 g Sojabohnensprossen

2 Knoblauchzehen

1 EL Öl

4 EL Sojasauce

Salz

Cayennepfeffer

2 EL gehackte Korianderblättchen

1. Die Reisnudeln in eine Schüssel geben, mit heißem Wasser übergießen und etwa 5 Minuten quellen lassen.

2. Inzwischen den Spinat gut waschen und die harten Stiele entfernen. Die Sojabohnensprossen in ein Sieb geben und kurz abspülen. Den Knoblauch schälen und fein hacken.

3. Den Wok erhitzen, das Öl hineingeben und den Knoblauch darin goldgelb braten. 400 ml Wasser, die Sojasauce, das Salz und den Cayennepfeffer hinzufügen und alles zum Kochen bringen.
Den Spinat und die Sojabohnensprossen in die Suppe geben und einmal aufkochen.

4. Die Reisnudeln abgießen, mit der Schere einige Male durchschneiden und in den Wok geben. Die Suppe erneut aufkochen lassen und mit den Korianderblättchen bestreuen.

Fenchelsuppe

Fenchelsuppe

Für 4 Personen • Zubereitungszeit: ca. 30 Minuten
Pro Portion ca. 171 kcal • 26 g KH • 4 g Fett • 23 % Fettkalorien

3 Schalotten

3 Fenchelknollen (ca. 600 g)

1 EL Olivenöl

1 l Gemüsebrühe (Instant)

Salz

Pfeffer aus der Mühle

2 EL gehackte Petersilie

4 Brötchen

1. Die Schalotten schälen und fein würfeln. Die Fenchelknollen putzen, waschen und in Scheiben schneiden. Etwas Fenchelkraut für die Garnierung beiseite legen.

2. Die Schalotten im Olivenöl anbraten. Den Fenchel dazugeben und kurz mitbraten. Die Brühe dazugießen und die Suppe etwa 20 Minuten bei schwacher Hitze kochen.

3. Das Gemüse mit einem Mixstab pürieren. Das pürierte Gemüse mit der Brühe erneut aufkochen und mit Salz und Pfeffer abschmecken.

4. Die Suppe in Suppenteller geben und mit etwas gehackter Petersilie und dem Fenchelkraut bestreuen. Mit dem Brötchen servieren.

Möhrencremesuppe

Für 4 Personen • Zubereitungszeit: ca. 30 Minuten

Pro Portion ca. 85 kcal • 12 g KH • 2 g Fett • 15 % Fettkalorien

500 g Möhren

1 Stange Lauch

½ l Fleischbrühe

¼ l Milch (1,5 % F.)

200 g Dickmilch

Salz

Pfeffer

3 EL gehackte Petersilie

1. Die Möhren putzen, schälen und in dicke Scheiben schneiden. Den Lauch putzen, waschen und in Ringe schneiden.

2. Die Hälfte der Brühe zum Kochen bringen und das Gemüse darin in etwa 10 Minuten weich kochen.

3. Das Gemüse mit dem Passierstab fein pürieren. Das Püree mit der restlichen Fleischbrühe und der Milch verrühren. Die Suppe einmal aufkochen und den Topf von der Kochstelle nehmen.

4. Die Dickmilch unterrühren, die Suppe mit Salz und Pfeffer würzen und abschmecken; vor dem Servieren die Petersilie darüber streuen.

Rinderbouillon mit Grießklößchen

Für 4 Personen • Zubereitungszeit: ca. 30 Minuten
Pro Portion ca. 188 kcal • 26 g KH • 5 g Fett • 21 % Fettkalorien

100 g Kaffeemilch

Salz

80 g Grieß

1 Ei

1 Msp. Muskatnuss

1 dicke Stange Lauch

2 dicke Möhren

200 g Knollensellerie

1 l Rinderbouillon (Instant)

schwarzer Pfeffer aus der Mühle

1. Kaffeemilch mit 150 ml Salzwasser zum Kochen bringen. Den Grieß unter Rühren hineinrieseln lassen. So lange rühren, bis sich die Masse als Kloß vom Topfboden löst.

2. Etwas abkühlen lassen, dann das Ei unter die noch warme Grießmasse rühren, mit Muskat abschmecken. Nach dem Erkalten mit angefeuchteten Händen aus dem Teig 24 kleine Klößchen formen.

3. Den Lauch halbieren, waschen, putzen und in feine Streifen schneiden. Die Möhren und den Sellerie putzen, schälen, beides zuerst in dünne Scheiben schneiden und diese dann stifteln.

4. Die Rinderbouillon zum Kochen bringen, die Gemüsestreifen zur Suppe geben und in etwa 1 bis 2 Minuten weich garen. Dann die Klößchen in die nicht mehr kochende Bouillon geben. Die Klößchen sind gar, wenn sie an der Oberfläche schwimmen.

5. Die Suppe mit Salz und Pfeffer abschmecken, in tiefe Teller geben und heiß servieren.

Variation Sie können in die Klößchenmasse auch frische Kräuter nach Geschmack geben oder die Bouillon zusätzlich mit kleinen Suppennudeln anreichern.

Kohlrabisuppe

Kohlrabisuppe

Für 2 Personen • Zubereitungszeit: ca. 30 Minuten
Pro Portion ca. 390 kcal • 27 g KH • 11 g Fett • 24 % Fettkalorien

2 Kohlrabi

2 Zwiebeln

1 Knoblauchzehe

1 TL Olivenöl, kaltgepresst

½ l Gemüsebrühe

2 EL saure Sahne

2 EL gehackte Petersilie

1 EL fein geschnittener Dill

etwas Kräutersalz

¼ TL geriebene Muskatnuss

2 Scheiben Räucherlachs

1 EL Schnittlauchröllchen

8 Scheiben Baguette

1. Die Kohlrabi waschen, schälen und vierteln. Ein Kohlrabiviertel beiseite legen, die übrigen in Würfel schneiden. Die Zwiebeln schälen und würfeln. Den Knoblauch schälen und durch die Presse drücken.

2. Das Öl in einer Pfanne erhitzen. Die Zwiebeln und den Knoblauch darin glasig andünsten. Dann die Kohlrabiwürfel hinzufügen und mit andünsten. Die Brühe aus Instantpulver dazugießen, das Gemüse aufkochen lassen und zugedeckt bei kleiner Hitze etwa 15 Minuten köcheln.

3. Inzwischen das zurückbehaltene Kohlrabiviertel grob raspeln. Die Suppe mit dem Schneidstab pürieren. Die saure Sahne, die Petersilie und den Dill hinzufügen und die Suppe mit Kräutersalz und Muskatnuss abschmecken.

4. Den Lachs klein schneiden und auf 2 Tellern verteilen. Die Suppe darübergeben und mit den Kohlrabiraspeln und den Schnittlauchröllchen bestreuen. Mit dem Baguette servieren.

Hauptgerichte

Hunger? Jetzt? Sofort?
Mit unseren Rezepten sind die Teller
schneller voll als wenn Sie jetzt beim
Pizzaservice anrufen oder sich an der
Dönerbude anstellen. Und besser
schmecken tut´s auch!

Chinakohl mit
Cashewkernen

Für 4 Personen • Zubereitungszeit: ca. 25 Minuten
Pro Portion ca. 462 kcal • 71 g KH • 11 g Fett • 21 % Fettkalorien

400 g Vollkornnudeln
(Spiralen)

1 großer Chinakohl

1 große Zwiebel

2 Knoblauchzehen

2 kleine, rote Chilischoten

2 EL Öl

3 EL Cashewkerne

Salz

schwarzer Pfeffer aus der
Mühle

1. Nudeln in reichlich Salzwasser etwa 8 Minuten bissfest kochen und abtropfen lassen. Den Kohl waschen, putzen und klein
schneiden. Die Zwiebel schälen und fein würfeln. Den Knoblauch
schälen und in feine Scheiben schneiden. Die Chilischoten waschen, entkernen und in Ringe schneiden.

2. In einer großen beschichteten Pfanne das Öl erhitzen und
darin die Cashewkerne goldbraun rösten. Kohl, Zwiebeln, Knoblauch und Chili hinzufügen und alles unter Rühren 6 – 8 Minuten
braten.

3. Die Nudeln unter das Gemüse rühren, kurz mitbraten, mit
Salz und Pfeffer abschmecken und servieren.

Geschnetzeltes Lammkotelett

Für 4 Personen • Zubereitungszeit: ca. 30 Minuten
Pro Portion ca. 1292 kcal • 230 g KH • 26 g Fett • 19 % Fettkalorien

1 kg Röhrchen-Nudeln

Salz

4 kleine Zucchini

4 kleine Tomaten

2 EL Butter

200 ml Brühe

6 Zweige Thymian

600 g Lammrücken ohne Knochen

4 EL Olivenöl

400 ml Lammfond

1. Die Röhrchen-Nudeln in sprudelndem Salzwasser bissfest kochen.

2. Die Zucchini waschen und in ovale Scheiben schneiden. Die Tomaten über Kreuz einritzen, kurz mit heißem Wasser überbrühen und abschrecken. Dann enthauten und wurfeln.

3. Die Zucchini kurz mit etwas Butter und Brühe andünsten. 2 Thymianzweige kurz waschen, fein hacken und zu den Zucchini geben.

4. Den Lammrücken kalt abspülen, trockentupfen, schnetzeln und leicht würzen. In einer Pfanne das Olivenöl erhitzen und das Fleisch darin braten. Aus der Pfanne nehmen. Dann den Bratensatz mit dem Lammfond ablöschen.

5. Die Nudeln mit dem Geschnetzelten und den Zucchini anrichten, mit dem Fond übergießen und zum Schluss mit den Tomatenwürfeln und restlichen Thymianzweigen garniert servieren.

Austernpilzpfanne

Für 4 Personen • Zubereitungszeit: ca. 25 Minuten
Pro Portion ca. 480 kcal • 83 g KH • 9 g Fett • 17 % Fettkalorien

500 g Austernpilze

2 Bund Frühlingszwiebeln

2 Knoblauchzehen

3 EL Sojaöl

400 g grüne Bandnudeln

Salz

250 g gestückelte Tomaten (Dose)

weißer Pfeffer aus der Mühle

2 TL TK-Basilikum

1. Die Austernpilze vorsichtig mit einem Tuch oder mit einer Bürste säubern, große Pilze eventuell halbieren. Die Frühlingszwiebeln putzen, waschen und schräg in Stücke schneiden. Die Knoblauchzehen schälen.

2. Den Wok erhitzen, das Öl hineingeben und darin zuerst die Austernpilze kräftig anbraten, dann den Knoblauch dazupressen.

3. Die Bandnudeln in reichlich Salzwasser bissfest kochen und abtropfen lassen. Die Tomaten und die Frühlingszwiebelstücke zu den Austernpilzen geben und darunter mischen. Alles mit Salz und Pfeffer würzen und bei schwacher Hitze im geschlossenen Wok etwa 5 Minuten dünsten.

4. Kurz vor Ende der Garzeit das gefrorene Basilikum unter die Austernpilzpfanne mischen. Zum Schluss die Nudeln unterheben und servieren.

Tipp Kulturpilze wie Austernpilze gibt es das ganze Jahr. Da sie auf einem Nährsubstrat in Hallen herangezogen werden, muss man sie nicht waschen. Es reicht, sie mit einem weichen Tuch oder mit einer Bürste zu säubern.

Chinesische Reispfanne

Für 4 Personen • Zubereitungszeit: ca. 30 Minuten
Pro Portion ca. 425 kcal • 46 g KH • 7 g Fett • 15 % Fettkalorien

4 Beutel Langkornreis (250 g)

Salz

500 g Hähnchenbrust

1 Zwiebel

1 Knoblauchzehe

1 rote Paprikaschote

2 EL Öl

150 g TK-Erbsen

2 EL Sojasauce

Pfeffer

150 g Krabbenfleisch

1 Zitrone

1. Den Reis nach Packungsanweisung gar kochen, abgießen und warm halten.

2. Die Hähnchenbrust kalt abspülen, trockentupfen und in Streifen schneiden. Zwiebel und Knoblauch schälen und fein würfeln. Die Paprikaschote waschen, halbieren, entkernen und in Streifen schneiden.

3. Zwiebel und Knoblauch im Öl glasig dünsten. Das Fleisch dazugeben und unter Rühren anbraten.

4. Paprikastreifen und Erbsen zufügen und alles etwa 10 Minuten schmoren lassen. Dann den Reis unterrühren. Die Reispfanne mit Sojasauce, Salz und Pfeffer abschmecken.

5. Das Krabbenfleisch unterheben und das Ganze warm werden lassen. Zum Schluss die Zitrone waschen, trocknen und in Scheiben schneiden, die Reispfanne mit den Zitronenscheiben garniert servieren.

Curryspätzle

Curryspätzle

Für 4 Personen • Zubereitungszeit: ca. 30 Minuten
Pro Portion ca. 350 kcal • 47 g KH • 9 g Fett • 24 % Fettkalorien

20 g Ingwer

380 g Ananasstücke (Dose)

2 EL Speiseöl

500 g Spätzle (Kühlregal)

250 g TK-Möhren

250 g TK-Zuckerschoten

2 TL Curry

1. Den Ingwer schälen und in feine Würfel schneiden. Die Ananas abgießen und 100 ml Ananassaft auffangen.

2. Das Öl in einer Pfanne erhitzen und darin die Spätzle braten. Nach 5 Minuten die Möhren und nach weiteren 5 Minuten die Zuckerschoten dazugeben und alles 2 Minuten braten.

3. Den Ananassaft mit dem Curry verrühren, den Ingwer und die Ananasstücke zufügen, alles vermengen und zu den Spätzle geben.

Spinatrisotto mit Parmesan

Für 4 Personen • Zubereitungszeit: ca. 30 Minuten
Pro Portion ca. 360 kcal • 50 g KH • 9 g Fett • 26 % Fettkalorien

2 Zwiebeln

2 Knoblauchzehen

450 g aufgetauter TK-Blattspinat

60 g Parmesan am Stück

2 TL Butter

2 TL Olivenöl

240 g Risottoreis

100 ml trockener Weißwein

400 – 500 ml Gemüsebrühe (Instant)

Salz

schwarzer Pfeffer aus der Mühle

8 Zweige Basilikum

1. Die Zwiebeln und den Knoblauch schälen und sehr fein hacken. Den aufgetauten Blattspinat mit einer Gabel etwas zerpflücken.

2. Vom Parmesan einige Späne mit einem Küchenmesser oder Spargelschäler abschneiden. Den restlichen Parmesan reiben.

3. Die Butter und das Öl in einem großen Topf erhitzen. Den Risottoreis zusammen mit den Zwiebeln und dem Knoblauch hineingeben und anschwitzen, dann mit dem Wein ablöschen. Die Gemüsebrühe nach und nach angießen und unterrühren. Den Reis etwa 15 Minuten bei reduzierter Temperatur köcheln lassen.

4. Etwa 5 Minuten vor Ende der Garzeit den Spinat unter das Risotto heben und etwas erhitzen. Das Gericht mit Salz und Pfeffer würzen. Das Basilikum waschen, trockentupfen und die Blätter in feine Streifen schneiden.

5. Den geriebenen Parmesan unter das Risotto rühren. Alles auf Teller verteilen und mit den Parmesanspänen und den Basilikumstreifen garniert servieren.

Scharf-saures Gemüse

Für 4 Personen • Zubereitungszeit: ca. 30 Minuten
Pro Portion ca. 666 kcal • 60 g KH • 6 g Fett • 8 % Fettkalorien

200 g Basmati-Reis

Salz

4 Möhren

1 Bund Frühlingszwiebeln

400 g frische Sojabohnensprossen

2 Knoblauchzehen

1cm frischer Ingwer

2 kleine, rote Chilischoten

75 ml Sojasauce

6 EL Reisessig

75 ml Reiswein

2 TL Speisestärke

schwarzer Pfeffer aus der Mühle

2 EL Öl

200 g Zuckerschoten

1. Den Reis in leicht gesalzenem Wasser gemäß Packungsanleitung etwa 20 Minuten kochen.

2. Die Möhren putzen, schälen, waschen und in Scheiben schneiden. Die Frühlingszwiebeln putzen, waschen, das Grün bis auf 5 cm entfernen, die Zwiebeln in schräge, dünne Stücke schneiden, die Sojabohnensprossen kalt abspülen und abtropfen lassen.

3. Den Knoblauch und Ingwer schälen und fein hacken. Die Chilischoten entkernen und in Ringe schneiden. Die Sojasauce mit Reisessig, Reiswein, Speisestärke und etwas Pfeffer verrühren.

4. Den Wok erhitzen, das Öl hineingeben, Chili, Knoblauch und Ingwer unter Rühren anbraten. Die Möhrenscheiben, die Zuckerschoten, die Frühlingszwiebeln und die Sojabohnensprossen nacheinander dazugeben und unter Rühren mitbraten.

5. Die Sauce angießen, kurz durchrühren und im geschlossenen Wok etwa 8 Minuten dünsten. Den Reis abgießen und alles gemeinsam servieren.

Linguine mit Steinpilzrahm

Für 4 Personen • Zubereitungszeit: ca. 30 Minuten
Pro Portion ca. 520 kcal • 71 g KH • 15 g Fett • 26 % Fettkalorien

10 g getr. Steinpilze

400 ml heiße Gemüsebrühe

400 g Linguine

Salz

200 g frische Steinpilze

2 EL Öl

1 Pckg. TK-Zwiebeln mit Knoblauch

Pfeffer

2 EL gehackte Petersilie

3 EL Crème fraîche

1. Die getrockneten Pilze etwa 15 Minuten in der heißen Brühe einweichen. Die Nudeln in kochendem Salzwasser bissfest kochen.

2. Die frischen Pilze putzen und in Scheiben schneiden, dann im heißen Öl kräftig anbraten. Die gefrorene Zwiebelmischung unterrühren und kurz mitbraten. Das Pilzgemüse mit Salz und Pfeffer würzen.

3. Die Petersilie und die eingeweichten Steinpilze mit der Brühe zu den Pilzen in die Pfanne geben. Alles aufkochen und etwa 3 Minuten köcheln lassen. Anschließend die Crème fraîche unterrühren und das Pilzgemüse mit etwas Salz und Pfeffer abschmecken.

4. Die Nudeln unter den Steinpilzrahm heben und das Gericht servieren.

Scharf-saures Gemüse

Putengeschnetzeltes mit Mais

Für 4 Personen • Zubereitungszeit: ca. 30 Minuten

Pro Portion ca. 265 kcal • 16 g KH • 8 g Fett • 28 % Fettkalorien

450 g Putenbrustfilet

2 Zwiebeln

3 frische, kleine, rote Chilischoten

1 große Zucchini

2 EL Sojaöl

125 ml Hühnerbrühe (Instant)

2 TL Honig

125 g Maiskörner (Dose)

Salz

weißer Pfeffer aus der Mühle

2 EL TK-Dill

1. Das Putenbrustfilet kalt abspülen, trockentupfen und in dünne Streifen schneiden. Die Zwiebeln schälen und fein würfeln. Die Chilischoten putzen, längs aufschlitzen und die Kerne unter fließendem kaltem Wasser herausspülen. (Wenn man nicht mit Haushaltshandschuhen arbeitet, danach sofort die Hände waschen).

2. Die Zucchini putzen, waschen, längs vierteln und in mundgerechte Stücke schneiden.

3. Einen Wok oder eine große Pfanne erhitzen und das Öl hineingeben. Die Fleischstreifen sowie die Chilischoten und die Zwiebelwürfel darin unter Rühren anbraten.

4. Die Brühe und den Honig hinzufügen und alles miteinander verrühren. Die Zucchinistücke und die Maiskörner dazugeben und alles etwa 3 Minuten im geschlossenen Wok oder Pfanne dünsten.

5. Das Gericht mit Salz und Pfeffer abschmecken und den gefrorenen Dill darunter heben. Auf Tellern anrichten und servieren.

Rinderfilet mit
Bandnudeln

Für 4 Personen • Zubereitungszeit: ca. 30 Minuten
Pro Portion ca. 462 kcal • 49 g KH • 16 g Fett • 30 % Fettkalorien

250 g Rinderfilet

150 g Champignons

1 Knoblauchzehe

1 Schalotte

2 EL Öl

Salz

400 g aufgetauter TK-Blatt-spinat

1 EL Sojasauce

75 ml Gemüsebrühe (Instant)

1 Prise Zucker

400 g Bandnudeln

Ingwerpulver

schwarzer Pfeffer aus der Mühle

1. Das Fleisch kalt abspülen, trockentupfen und in sehr dünne, einige Zentimeter lange Streifen schneiden. Die Pilze putzen, säubern und in dünne Scheiben schneiden. Den Knoblauch und die Schalotte schälen. Die Schalotte fein hacken.

2. In einer großen Pfanne das Öl erhitzen, die Schalotte hineingeben und den Knoblauch dazupressen. 1 Prise Salz zugeben und alles einige Minuten andünsten. Darauf achten, dass das Gemüse nicht zu sehr bräunt.

3. Das Fleisch in die Pfanne geben und braten, bis es von allen Seiten leicht gebräunt ist. Pilze, Spinat, Sojasauce, Gemüsebrühe und etwas Zucker unterrühren und alles 10 Minuten bei schwacher Hitze garen.

4. Inzwischen die Nudeln in reichlich Salzwasser bissfest kochen. Die Nudeln abgießen, gut abtropfen lassen und mit dem Pfanneninhalt vermischen. Alles mit Ingwer, Salz und Pfeffer abschmecken und sofort servieren.

Brokkoligemüse
mit Tofu

Für 4 Personen • Zubereitungszeit: ca. 25 Minuten
Pro Portion ca. 127 kcal • 21 g KH • 3 g Fett • 20 % Fettkalorien

500 g Brokkoli

150 g Zwiebeln

250 g Tofu

½ Bund Basilikum

½ Bund glattblättrige Petersilie

250 g gestückelte Tomaten (Dose)

Salz

weißer Pfeffer aus der Mühle

1 EL Sojasauce

1 EL Olivenöl

1. Den Brokkoli putzen, in Röschen teilen und waschen. Die Zwiebeln schälen und in Ringe schneiden. Den Tofu in Würfel schneiden. Das Basilikum und die Petersilie waschen und einige Blättchen zum Garnieren beiseite legen. Die restlichen Blättchen fein hacken.

2. Die Tomaten zusammen mit Salz, Pfeffer und 1 TL Sojasauce mit dem Mixstab pürieren.

3. Einen Wok oder eine große Pfanne erhitzen, das Öl hineingeben und darin die Tofuwürfel etwa 1½ Minuten braten. Mit der restlichen Sojasauce ablöschen. Die Brokkoliröschen und die Zwiebelringe hinzufügen und etwa 2 Minuten mitbraten.

4. Das Tomatenpüree dazugeben und alles im geschlossenen Wok oder einer geschlossenen Pfanne etwa 5 Minuten dünsten. Mit Salz und Pfeffer abschmecken. Die gehackten Kräuter hineinrühren und das Gericht mit den beiseite gelegten Basilikum- und Petersilienblättchen garniert servieren.

Brokkoligemüse mit Tofu

Reispfanne mit Kasseler und Bohnen

1 Zwiebel

80 g Kasseler

1 EL Olivenöl

1 TL Tomatenmark

100 g Langkornreis

300 ml Gemüsebrühe (instant)

100 g Kidneybohnen (Dose)

Salz

Pfeffer

1 TL gehacktes Bohnenkraut

1 EL Schnittlauchröllchen

Für 1 Person • Zubereitungszeit: ca. 25 Minuten
Pro Portion ca. 980 kcal • 144 g KH • 29 g Fett • 27 % Fettkalorien

1. Die Zwiebel schälen und in feine Würfel schneiden. Das Kasseler in Würfel schneiden.

2. Das Öl in einem Topf erhitzen. Die Zwiebelwürfel, das Tomatenmark und die Fleischwürfel kurz anbraten und den Reis zugeben.

3. Die Brühe angießen, aufkochen und zugedeckt etwa 18 Minuten köcheln lassen.

4. Kurz vor Ende der Garzeit die Bohnen zugeben. Mit Salz und Pfeffer abschmecken und das Bohnenkraut zufügen. Einige Minuten ziehen lassen. Mit dem Schnittlauch garnieren.

Kabeljau in Dillsauce

Für 4 Personen • Zubereitungszeit: ca. 30 Minuten
Pro Portion ca. 295 kcal • 25 g KH • 9 g Fett • 28 % Fettkalorien

600 g Kartoffeln

Salz

4 Kabeljaufilets

Saft von ½ Zitrone

schwarzer Pfeffer aus der Mühle

250 ml Weißwein

300 g Mangold

150 g Schmand, 24 % Fett

3 EL TK-Dill

1 Prise Muskatnuss

1. Die Kartoffeln waschen, schälen, in grobe Stücke schneiden und in Salzwasser etwa 20 Minuten kochen.

2. Die Kabeljaufilets kalt abspülen, trockentupfen, mit Zitronensaft beträufeln und mit Salz und Pfeffer bestreuen.

3. Den Weißwein in einem breiten Topf erhitzen. Den Mangold putzen, grobe Blattrippen flachschneiden und die Blätter waschen. Große Blätter längs halbieren und quer in Streifen schneiden.

4. Die Mangoldstreifen in den Topf geben und bei geschlossenem Deckel etwa 5 Minuten zusammenfallen lassen. Die Kabeljaufilets auf den Mangold legen und alles etwa 5 Minuten dünsten.

5. Die Fischfilets aus dem Topf nehmen und warm stellen. Den Schmand und Dill in den Weinsud geben und einkochen lassen. Mit Salz, Pfeffer und Muskatnuss abschmecken und den Fisch mit dem Mangold und den abgeschütteten Kartoffeln servieren.

Fischfilets mit
Limettensauce

Für 4 Personen • Zubereitungszeit: ca. 30 Minuten
Pro Portion ca. 124 kcal • 7 g KH • 1 g Fett • 7 % Fettkalorien

1 Knoblauchzehe

3 Schalotten

1 große, rote Chilischote

1 TL Honig

2 EL Sojasauce

Saft von 1 Limette

4 Fischfilets à 150 g
(z. B. Wolfsbarsch, Petersfisch, Kabeljau)

2 EL Korianderblättchen

1. Den Knoblauch und die Schalotten schälen und fein hacken. Die Chilischote waschen und mit den Kernen fein hacken. (Wenn man nicht mit Haushaltshandschuhen arbeitet, danach sofort die Hände waschen).

2. Knoblauch, Schalotten und Chilischote in einen Wok oder eine Pfanne geben, 75 ml Wasser, Honig, Sojasauce und Limettensaft hinzufügen und alles zum Kochen bringen.

3. Inzwischen die Fischfilets kalt abspülen, mit Küchenkrepp trockentupfen und in den Wok geben. Alles im Sud zugedeckt bei milder Hitze in 5 – 10 Minuten gar ziehen lassen.

4. Die Fischfilets vorsichtig aus der Sauce heben und auf 4 Tellern anrichten. Etwas Sauce darüber gießen und das Gericht mit den gewaschenen Korianderblättchen bestreut servieren.

Gemüse-Seeteufel-Couscous

Für 1 Person • Zubereitungszeit: ca. 30 Minuten
Pro Portion ca. 400 kcal • 49 g KH • 5 g Fett • 12 % Fettkalorien

1 Zucchini

1 Möhre

1 Paprikaschote

1 Zwiebel

150 g Seeteufelfilet

300 ml Gemüsebrühe (instant)

100 ml passierte Tomaten

Salz

Pfeffer

1 EL Zitronensaft

80 g Hirse

1 TL gehackte Petersilie

1 TL gehobelte Mandeln

1. Zucchini, Möhre und Paprikaschote waschen und putzen. Die Zucchini und die Möhre längs halbieren und in Scheiben schneiden. Die Paprikaschote halbieren, entkernen und in Würfel schneiden. Die Zwiebel, schälen, halbieren und in feine Streifen schneiden.

2. Den Seeteufel kalt abspülen, trockentupfen und anschließend in etwa 3 cm dicke Würfel schneiden.

3. Die Brühe und die passierten Tomaten in einen Topf geben und aufkochen lassen. Die Zucchini- und Möhrenscheiben sowie die Paprikawürfel, die Zwiebelstreifen und den Fisch zugeben. Zugedeckt bei geringer Hitze 10 Minuten köcheln lassen.

4. Das gekochte Gemüse und den Fisch aus der Brühe nehmen. Mit Salz, Pfeffer und Zitronensaft abschmecken und erneut aufkochen lassen. Die Hirse zugeben. Unter ständigem Rühren ½ Minute weiterkochen. Beiseite stellen und zugedeckt 7 Minuten ziehen lassen.

5. Das gekochte Gemüse und den Fisch unterheben und 1 Minute ruhen lassen. Den Couscous in einem tiefen Teller anrichten. Mit der Petersilie und den Mandeln garnieren.

Zander auf Nudelcurry

Für 1 Person • Zubereitungszeit: ca. 20 Minuten
Pro Portion ca. 760 kcal • 86 g KH • 20 g Fett • 24 % Fettkalorien

1 Zwiebel

1 Apfel, 1 Orange

200 g Zanderfilet

1 EL Pflanzenöl

1 EL gehackte Erdnüsse

1 TL Currypulver

100 ml Gemüsebrühe (instant)

30 ml frisch gepresster Orangensaft

Salz, Pfeffer

50 g grüne Erbsen (TK)

150 g Bandnudeln

1 TL gehackter Kerbel

1. Die Zwiebel schälen und in Würfel schneiden. Den Apfel vierteln, entkernen und in Spalten schneiden. Die Orange schälen, die weiße Haut abtrennen und die Filets ohne Haut ausschneiden. Den Zander kalt abspülen, trockentupfen und in 2 cm große Stücke schneiden.

2. Das Öl in einer Pfanne erhitzen. Die Zwiebel, die Erdnüsse und das Currypulver glasig dünsten. Dann die Brühe und den Saft angießen. Mit etwas Salz und Pfeffer abschmecken.

3. Apfelspalten, Orangenfilets, Tiefkühl-Erbsen und Zanderstücke unterheben. Alles zugedeckt und bei geringer Hitze etwa 8 Minuten köcheln lassen.

4. Die Nudeln in Salzwasser bissfest kochen. In ein Sieb abgießen, abschrecken und abtropfen lassen.

5. Die Nudeln auf einen Teller geben und mit der Sauce überziehen. Mit dem Kerbel garnieren.

Desserts

Kleine süße Leckereien für gesundheits-
bewusste Naschkatzen. Mit der „das-kann-
ich-gar-nicht-glauben-dass-das LOW-FETT-30-
sein-soll"- Garantie. Für ungläubige Mit-
streiter … und zum Servieren bei Gästen,
die nicht alles wissen müssen!

Joghurtgelee mit
Karamellbananen

Für 4 Personen • Zubereitungszeit: ca. 30 Minuten • Kühlzeit: ca. 60 Minuten
Pro Portion ca. 265 kcal • 58 g KH • 2 g Fett • 7 % Fettkalorien

6 Blatt weiße Gelatine

300 g Trinkjoghurt natur

100 ml Milch (1,5 % F.)

75 g Zucker

1 Pck. Vanillezucker

abger. Schale von ½ Zitrone

2 EL Zitronensaft

80 g Zucker

150 ml Orangensaft

2 Bananen

1. Die Gelatine in kaltem Wasser einweichen. Den Joghurt in eine Schüssel geben, mit Milch, Zucker, Vanillezucker, Zitronenschale und -saft verrühren.

2. Die Gelatine in sehr wenig Wasser unter Rühren auflösen und in die Joghurtmasse rühren. Eine Form mit kaltem Wasser ausspülen, die Masse einfüllen und im Kühlschrank in etwa 60 Minuten erstarren lassen.

3. Den Zucker in einem kleinen Topf vorsichtig erhitzen und karamellisieren lassen. Den Orangensaft angießen und so lange kochen lassen, bis eine sämige Sauce entstanden ist.

4. Die Bananen schälen, in Scheiben schneiden und in der Sauce wenden. Das Joghurtgelee auf eine Platte stürzen. Die Bananen daneben anrichten.

Zitroneneis

Für 4 Personen • Zubereitungszeit: ca. 20 Minuten • Kühl- und Gefrierzeit: ca. 95 Minuten
Pro Portion ca. 250 kcal • 45 g KH • 4 g Fett • 14 % Fettkalorien

4 Zitronen

450 g Joghurt (3,5 % F.)

150 g Puderzucker

4 frische Eiweiß

1 Prise Salz

4 Zitronenspalten und
etwas Zitronenmelisse
zum Garnieren

1. Die Zitronen halbieren, auspressen und 200 ml Saft abmessen. Joghurt, Zitronensaft und 50 g Puderzucker in einer Schüssel cremig rühren. Die Masse etwa 1 Stunde kühlen.

2. Die Eiweiße mit dem restlichen Puderzucker und der Prise Salz steif schlagen. Anschließend den Eischnee sorgfältig unter die gekühlte Joghurtmasse ziehen, bis alles gleichmäßig vermischt ist.

3. Die Masse in die laufende Eismaschine füllen und etwa 35 Minuten gefrieren lassen. Das Zitroneneis zu Kugeln portionieren und in Schälchen geben. Mit je 1 Zitronenspalte und etwas Zitronenmelisse garnieren.

Erdbeer-Cassis-Sorbet

Für 1 Person • Zubereitungszeit: ca. 10 Minuten • Gefrierzeit: ca. 20 Minuten
Pro Portion ca. 380 kcal • 64 g KH • 12 g Fett • 28 % Fettkalorien

100 g Erdbeeren

150 g Erdbeereis (Sorbet)

60 ml schwarzer
Johannisbeersaft

frische Minze

1. Die Erdbeeren waschen, Stielansatz entfernen und in kleine Stücke schneiden.

2. Das Eis und den Saft mit Hilfe eines Schneebesens schlagen. Die Erdbeerstücke unterheben.

3. In eine flache Schale füllen und für 20 Minuten in den Tiefkühler stellen. Mit der Minze garnieren.

Tipp Geben Sie vor dem Einfrieren etwas Sekt oderChampagner auf das Sorbet.

Bananen-Kirsch-Quark

Für 1 Person • Zubereitungszeit: ca. 20 Minuten
Pro Portion ca. 340 kcal • 48 g KH • 5 g Fett • 14 % Fettkalorien

1 große Banane

100 g Kirschen

100 g Magerquark

100 g Joghurt (1,5 % F.)

2 EL Fruchtsaft

1 Prise Salz

etwas Zucker

1 TL gehobelte Mandeln

frische Minze

1. Die Banane schälen und in Scheiben schneiden. Die Kirschen waschen, halbieren und entkernen. Die Minze waschen und in Streifen schneiden.

2. Quark, Joghurt und Fruchtsaft verrühren. Mit Salz und Zucker abschmecken.

3. Die Bananenscheiben und die Kirschenhälften unterheben und etwa 10 Minuten ziehen lassen.

4. Den Fruchtquark anrichten und mit den Mandeln und der Pfefferminze garnieren.

Erdbeer-Cassis-Sorbet

Nektarinen-Quark-Wrap

Für 4 Personen • Zubereitungszeit: ca. 25 Minuten
Pro Portion ca. 307 kcal • 44 g KH • 9 g Fett • 25 % Fettkalorien

1 TL Öl

60 g Zucker

25 g gehackte Pistazien

4 Nektarinen (ca. 450 g)

½ Bund Zitronenmelisse

½ Vanilleschote

250 g Sahnequark, 20 % Fett

4 Weizenmehl-Tortillas

1. Ein tellergroßes Stück Alufolie mit dem Öl bepinseln. ⅔ von dem Zucker in einem schweren Topf bei mittlerer Hitze zu hellbraunem Karamell schmelzen lassen. Die Pistazien unterrühren, die Masse auf der Alufolie ausstreichen und abkühlen lassen.

2. Die Nektarinen waschen und würfeln. Die Zitronenmelisse waschen und trockenschütteln. Einige Blättchen beiseite legen, die restlichen hacken. Mit den Nektarinenwürfeln mischen.

3. Vanilleschote der Länge nach aufschneiden und das Mark herauskratzen. Das Mark mit dem restlichen Zucker und Quark verrühren. Die Nektarinen untermischen.

4. Den Pistazienkrokant in einen Gefrierbeutel geben und mit dem Nudelholz zerkleinern.

5. Die Tortillas erwärmen, den Nektarinenquark darauf verteilen und mit Krokant bestreuen. Die Tortillas zusammenrollen und mit der Zitronenmelisse garnieren.

Erdbeer-Kefir-Eis

Für 6 Personen • Zubereitungszeit: ca. 20 Minuten • Gefrierzeit: ca. 6 Stunden
Pro Portion ca. 37 kcal • 7 g KH • 1 g Fett • 12 % Fettkalorien

250 g Erdbeeren

3 EL Agavendicksaft (45 g)

100 g Kefir

1. Die Beeren waschen, putzen und im Mixer pürieren. Den Agavendicksaft und den Kefir unter das Püree rühren.

2. Die Beeren-Kefir-Mischung kurz ruhen lassen, damit sich der Schaum oben absetzen kann.

3. Die Masse auf Eisförmchen (von jeweils etwa 50 ml Inhalt) verteilen. Die Formen verschließen und die Mischung mindestens 6 Stunden gefrieren lassen.

Tipp Statt frischer Erdbeeren können Sie auch Preiselbeersirup (200 g) verwenden – damit geht die Zubereitung noch etwas schneller.

Erdbeer-Kefir Eis

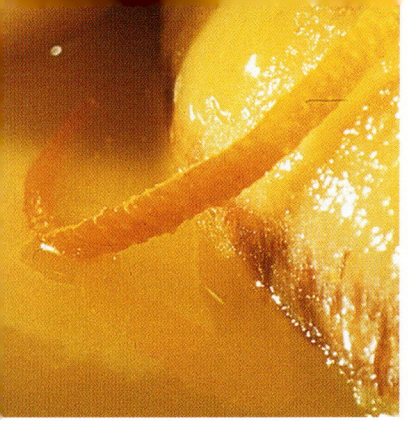

Schokoknödel mit Bananen

Für 4 Personen • Zubereitungszeit: ca. 30 Minuten
Pro Portion ca. 444 kcal • 62 g KH • 14 g Fett • 29 % Fettkalorien

1 Packung Böhmische Knödel

etwas Weizenmehl

80 g Nuss-Nougat-Creme
(12 TL)

Salz

2 Bananen

1 EL Butter

250 ml Orangensaft

1 EL Zucker

1 EL Feine Speisestärke

5 EL süße Sahne, 27 % Fett

evtl. 2 EL Grand Marnier (Orangenlikör)

1. Knödelmischung mit den Knethaken des Handrührgerätes in 125 ml kaltes Wasser einrühren und zu einem glatten Teig verkneten.

2. Mit bemehlten Händen den Teig nochmals durchkneten und 12 Knödel formen. Dabei jeweils 1 Teelöffel Nuss-Nougat-Creme in die Mitte geben. Die Knödel in einen großen Topf in reichlich kochendes, leicht gesalzenes Wasser legen. Mit geschlossenem Deckel 15 Minuten leicht kochen lassen.

3. Die Bananen schälen, längs halbieren, jeweils in 3 Stücke teilen. Butter in einer Pfanne zerlassen, Bananen bei starker Hitze kurz anbraten, warm stellen. 200 ml von dem Orangensaft mit Zucker und einer Prise Salz aufkochen.

4. Die Speisestärke mit dem restlichen Orangensaft mischen, einrühren und kurz aufkochen lassen. Sahne und evtl. Orangenlikör zugeben und Bananenstücke darin erhitzen. Die Knödel mit der Sauce servieren.

Rosaroter Panther

Für 2 Personen • Zubereitungszeit: ca. 15 Minuten
Pro Portion ca. 120 kcal • 16 g KH • 3 g Fett • 23 % Fettkalorien

1/2 Vanilleschote
50 g Himbeeren
100 g Erdbeeren
3 Zweige Pfefferminze
2 EL Joghurt (1,5 % F.)
350 ml Milch (1,5 % F.)
1 TL Honig

1. Die Vanilleschote längs halbieren und das Mark mit einem Messer herauskratzen. Die Beeren verlesen, waschen und die Stielansätze entfernen. Die Pfefferminze waschen und trockentupfen. Die Blätter von einem Zweig abzupfen.

2. Die Beeren mit den abgezupften Minzeblättern, dem Joghurt und dem Vanillemark pürieren.

3. Die Milch darunter mixen, das Getränk mit Honig süßen in Gläser gießen und mit je 1 Pfefferminzzweig garnieren.

Cremig leichter Früchtequark

Für 1 Person • Zubereitungszeit: ca. 10 Minuten
Pro Portion ca. 290 kcal • 47 g KH • 2 g Fett • 6 % Fettkalorien

70 g Himbeeren (TK)
70 g Aprikosen (Dose)
100 g Magerquark
100 g Joghurt (3,5 % F.)
50 ml Aprikosensaft
etwas Zucker
1 Prise Salz

1. Die Himbeeren und die Aprikosen pürieren.

2. Quark, Joghurt und Aprikosensaft in eine Schüssel geben und verrühren. Mit dem Zucker und dem Salz abschmecken.

3. Das Früchtepüree unterheben und einige Minuten ruhen lassen.

Tipp Bei dieser Menge können Sie sich eine Hälfte des Früchtequarks für das Büro oder den nächsten Tag aufheben. Wer mag, hebt das Früchtepüree nicht unter, sondern garniert den Quark damit.

Cremig leichter Früchtequark

Wenn Gäste kommen

Besucher verwöhnen – und das völlig stressfrei. Erzählen Sie Ihren Gästen ruhig, dass es sich bei unseren Köstlichkeiten um gesunde LOW FETT 30-Gerichte handelt … sie werden staunen. Bei uns kommt der Geschmack nämlich aus den frischen Zutaten – und nicht aus dem Fett! Die etwas längeren Zubereitungszeiten bei unseren Menüs sind dazu da, die Hektik rauszunehmen. Denn was sie in Ruhe vorbereiten konnten, wartet stressfrei und brav im Kühlschrank auf seinen Einsatz!

Spargel-Artischocken-Salat

Für 4 Personen • Zubereitungszeit: ca. 25 Minuten
Pro Portion ca. 400 kcal • 71 g KH • 6 g Fett • 14 % Fettkalorien

800 g frischer Spargel

Salz

1 gehäufter TL Zucker

Saft 1 Zitrone

6 Tomaten

2 Zwiebeln

16 Artischockenböden (Dose)

2 EL Olivenöl

100 ml Spargelfond

2 TL Balsamessig

2 TL gehackte Petersilie

Pfeffer

400 g frisches Baguette

1. Den Spargel schälen und putzen, in einen Topf geben, mit Wasser bedecken, mit 1 TL Salz, Zucker und 1 TL Zitronensaft würzen und bissfest kochen. Abgießen und 10 ml Fond auffangen. Den Spargel abschrecken und abtropfen lassen.

2. Die Tomaten waschen, Stielansatz entfernen, vierteln, entkernen und in feine Würfel schneiden. Die Zwiebel schälen und in feine Würfel schneiden. Die Artischockenböden in fingerdicke Streifen schneiden.

3. Öl, Spargelfond, Essig, den restlichen Zitronensaft und Petersilie verrühren. Mit etwas Salz und Pfeffer abschmecken. Die Tomaten- und Zwiebelwürfel sowie die Artischockenstreifen zugeben.

4. Den Spargel auf vier Teller legen. Die Marinade darüber geben. 5 Minuten ziehen lassen und mit dem Baguette anrichten.

Spinatlasagne

Für 4 Personen • Zubereitungszeit: ca. 40 Minuten • Backzeit: ca. 20 Minuten
Pro Portion ca. 520 kcal • 71 g KH • 9 g Fett • 16 % Fettkalorien

1 Zwiebel

1 TL Öl

1 Knoblauchzehe

500 g TK-Blattspinat

Salz

Pfeffer

etwas ger. Muskatnuss

500 g Magerquark

2 Dosen Tomaten (à 800 g)

1 TL gekörnte Brühe

etwas edelsüßes Paprikapulver

2 EL Tomatenmark
mit Knoblauch

1 EL getr. Oregano

1 EL Mehl

250 g Lasagneblätter,
vorgekocht

100 g ger. Käse

1. Die Zwiebel schälen, in feine Würfel schneiden und in dem Öl andünsten. Den Knoblauch schälen und dazupressen. Den (gefrorenen) Spinat zugeben und etwa 10 Minuten auf kleiner Hitze dünsten, eventuell etwas Flüssigkeit zugießen.

2. Den Spinat mit Salz, Pfeffer und Muskat würzen und mit dem Quark verrühren. Den Backofen auf 200 °C vorheizen.

3. Die Dosentomaten in einen Topf geben, etwas klein schneiden und erhitzen. Die Tomaten mit Salz, Pfeffer, gekörnter Brühe und Paprikapulver würzen. Das Tomatenmark und den Oregano unterrühren.

4. Die Tomatensauce aufkochen, das Mehl mit etwas Wasser verrühren und die Sauce binden. Den Topf von der Kochstelle nehmen.

5. In eine Auflaufform zunächst etwas Tomatensauce geben, darauf die erste Schicht Lasagneblätter verteilen. Wieder etwas Tomatensauce und dann etwas Spinat darauf schichten, mit Lasagneblättern abdecken.

6. Abwechselnd weitere Lagen schichten, mit Tomatensauce abschließen und den Käse darüber streuen.

7. Die Lasagne im heißen Ofen auf der mittleren Schiene etwa 20 Minuten backen; vor dem Servieren 10 Minuten ruhen lassen.

Meloneneis mit Sekt

Für 4 Personen • Zubereitungszeit: ca. 10 Minuten
Ruhezeit: ca. 30 Minuten • Gerfrierzeit: ca. 30 Minuten
Pro Portion ca. 199 kcal • 32 g KH • 0 g Fett • 0 % Fettkalorien

500 g Fruchtfleisch einer Wassermelone

80–100 g Puderzucker

2 EL Zitronensaft

50 ml Apfelsaft

etwa ½ Flasche halbtrockener Sekt

Zitronenmelisse zum Garnieren

1. Das Melonenfleisch in kleine Stücke schneiden, die Kerne entfernen und den Saft auffangen. Die Fruchtstücke und den Melonensaft in einem hohen Rührbecher mit dem Puderzucker vermischen. Alles 30 Minuten im Kühlschrank durchziehen lassen.

2. Den Zitronen- und den Apfelsaft zur Melonenmischung geben und alles mit dem Mixstab pürieren.

3. Die Flüssigkeit in die laufende Eismaschine füllen und etwa 30 Minuten gefrieren.

4. Den Sekt auf 4 Sektschalen oder -gläser verteilen und je 1 Eisportion in den Sekt geben. Mit Zitronenmelisse garnieren.

Tipp Zusätzlich können Sie auch ausgestochene Melonenkugeln in die Sektschalen zum Eis geben.

Wenn
Gäste kommen

Gurkenkaltschale

Für 4 Personen • Zubereitungszeit: ca. 20 Minuten • Kühlzeit: ca. 30 Minuten
Pro Portion ca. 218 kcal • 38 g KH • 5 g Fett • 17 % Fettkalorien

2 Salatgurken

1 Zwiebel

1 TL Olivenöl

1 EL Zucker

500 ml Gemüsebrühe (instant)

2 Spritzer Tabasco

2 Spritzer Zitronensaft

Salz, Pfeffer

150 g Joghurt (1,5 % F.)

2 TL gehackte Petersilie

2 TL Schnittlauchröllchen

200 g frisches Baguette

1. Die Gurken waschen, schälen, längs halbieren. Mit einem Löffel entkernen. In dünne Scheiben schneiden.

2. Die Zwiebel schälen und in feine Würfel schneiden.

3. Öl in einer Pfanne erhitzen und Zwiebel glasig dünsten. Gurke unterheben, mit Zucker bestreuen und leicht karamellisieren lassen.

4. Mit der Brühe ablöschen und zusammen mit Tabasco, Zitronensaft, Salz und Pfeffer im Mixer pürieren.

5. Den Joghurt unterheben und abschmecken. ½ Stunde kühl stellen.

6. Mit den Kräutern garnieren. Mit Baguette servieren.

Lachs an
Zitrusfrüchten

Für 4 Personen • Zubereitungszeit: ca. 30 Minuten
Pro Portion ca. 565 kcal • 66 g KH • 18 g Fett • 28 % Fettkalorien

3 Orangen

3 Grapefruits

1 TL Olivenöl

4 EL Zitronensaft

Salz

Pfeffer

250 g Basmati-Reis

4 Stück Lachsfilet mit
Haut à 150 g

300 ml Fischfond

frische Minze

1. Die Orangen und die Grapefruits schälen, die weiße Haut abtrennen und Filets ohne Haut ausschneiden. Den Saft dabei auffangen.

2. Das Öl mit dem aufgefangenen Saft und 2 EL Zitronensaft verrühren. Mit Salz und Pfeffer abschmecken. Die Orangen- und Grapefruitfilets unterheben und etwa 15 Minuten ziehen lassen.

3. Den Reis in kochendes Salzwasser geben und 15 Minuten sprudelnd im offenen Topf kochen lassen. Den garen Reis in ein Sieb geben und ausdämpfen lassen.

4. Lachsfilet kalt abspülen, trockentupfen, mit 2 EL Zitronensaft säuern und mit Salz und Pfeffer würzen.

5. Den Fischfond in einer Pfanne erhitzen. Den Lachs mit der Hautseite nach unten hineinlegen und zugedeckt bei mittlerer Hitze etwa 8 Minuten dünsten.

6. Den Lachs auf dem Reis anrichten. Die marinierten Früchte darauf legen und die Marinade darüber geben. Mit der Minze garnieren.

Wenn
Gäste kommen

Erdbeer-Tiramisu

Für 4 Personen • Zubereitungszeit: ca. 25 Minuten
Kühlzeit: ca. 2 Stunden
Pro Portion ca. 375 kcal • 60 g KH • 3 g Fett • 7 % Fettkalorien

500 g Erdbeeren

500 g Cremequark (0,2 % F.)

50 g Zucker

2 Pck. Vanillezucker

Saft und abger. Schale von
1 unbehandelten Zitrone

1 EL Speisebinder ohne Kochen

150 g Löffelbiskuits

200 ml Espresso

4 EL Amaretto

2 EL Espressopulver

1. Die Erdbeeren waschen, putzen und halbieren. Den Quark mit Zucker, Vanillezucker, Zitronensaft und -schale sowie dem Speisebinder verrühren.

2. Eine eckige Form mit der Hälfte der Löffelbiskuits auslegen. Mit 100 ml Espresso und 2 EL Amaretto beträufeln. Die Hälfte der Erdbeeren und den Quark darauf verteilen.

3. Die restlichen Löffelbiskuits auf die Quarkmasse geben, wieder mit Espresso und Likör beträufeln. Die restlichen Erdbeeren sowie den restlichen Quark darauf verteilen.

4. Das Tiramisu mit Espressopulver bestreuen und für etwa 2 Stunden in den Kühlschrank stellen.

Tomatendip mit
Basilikum

Für 4 Personen • Zubereitungszeit: ca. 10 Minuten
Pro Portion ca. 280 kcal • 44 g KH • 3 g Fett • 8 % Fettkalorien

400 g Strauchtomaten

2 Zwiebeln

2 EL Tomatenmark

75 ml Milch (1,5 % F.)

250 g Magerquark

150 g Joghurt (1,5 % F.)

4 EL gehacktes Basilikum

1 TL Zitronensaft

Salz

Pfeffer

1 TL Zucker

8 Scheiben Vollkornbrot

1. Die Tomaten waschen, den Stielansatz entfernen, vierteln, entkernen und in feine Würfel schneiden. Die Zwiebeln schälen und fein würfeln.

2. Das Tomatenmark und die fettarme Milch sorgfältig verrühren.

3. Den Quark und den Joghurt in eine Schüssel geben. Tomatenwürfel, Zwiebel, Basilikum, Zitronensaft und Tomatenmarkgemisch zugeben und das Ganze verrühren.

4. Den Tomaten-Basilikum-Aufstrich mit Salz, Pfeffer und Zucker abschmecken und mit dem Brot anrichten.

Karibischer Hähnchenauflauf

Für 4 Personen • Zubereitungszeit: ca. 40 Minuten
Backzeit: ca. 45 Minuten
Pro Portion ca. 880 kcal • 105 g KH • 22 g Fett • 23 % Fettkalorien

4 Hähnchenkeulen

Salz

Pfeffer

1 Zwiebel

2 Knoblauchzehen

1 EL Öl

2 EL Currypulver

200 g Reis

½ l Hühnerbrühe

1 Papaya

1 Mango

1 Bd. Frühlingszwiebeln

1 Dose Kidneybohnen (420 g)

200 g geschälte Garnelen

etwas Chilipulver

1. Die Hähnchenkeulen kalt abspülen, trockentupfen und mit Salz und Pfeffer würzen. Zwiebel und Knoblauch schälen. Die Zwiebel in Ringe schneiden, den Knoblauch fein würfeln.

2. Zwiebeln und Knoblauch in 1 EL Öl anbraten und mit Currypulver bestreuen. Dann den Reis hinzufügen, alles gut verrühren, den Reis kurz anschwitzen, mit der Brühe ablöschen, die Brühe aufkochen und den Reis in etwa 20 Minuten gar kochen.

3. Papaya und Mango schälen, die Papaya halbieren und die schwarzen Samen herauskratzen, die Mango vom Stein lösen, das Fruchtfleisch in Würfel schneiden. Die Frühlingszwiebeln putzen, waschen und in etwa 2 cm lange Stücke schneiden. Den Backofen auf 200 °C vorheizen.

4. Den Reis mit der Flüssigkeit in eine große Auflaufform füllen. Die Bohnen mit der Flüssigkeit, die Früchtewürfel, Frühlingszwiebeln und die Garnelen unter den Reis mischen. Alles mit Salz, Pfeffer und Chilipulver würzen.

5. Die Hähnchenkeulen auf den Reis legen und den Auflauf im heißen Ofen auf der mittleren Schiene etwa 45 Minuten backen.

Gestürzter Joghurt
auf Fruchtsauce

Für 4 Personen • Zubereitungszeit: ca. 20 Minuten
Kühlzeit: ca. 2 Stunden
Pro Portion ca. 160 kcal • 33 g KH • 1 g Fett • 2 % Fettkalorien

4 Blatt weiße Gelatine

400 g Magerjoghurt

2 TL Zitronensaft

1 Stück Ingwer (walnussgroß)

2 EL Puderzucker

1 Päckchen Vanillezucker

150 g frische Früchte, z.B. Erdbeeren

4 EL entsprechende Fruchtkonfitüre,
z.B. Erdbeerkonfitüre

Puderzucker zum Bestäuben

1. Die Gelatine 10 Minuten in kaltem Wasser einweichen.
Den Joghurt mit Zitronensaft, fein geriebenem Ingwer, Puder-
und Vanillezucker verquirlen.

2. Die Gelatine tropfnass bei milder Hitze auflösen, 2 EL der
Joghurtcreme unterrühren und dann alles in den restlichen
Joghurt mischen.

3. Die Masse in kalt ausgespülte Förmchen füllen und etwa
2 Stunden im Kühlschrank fest werden lassen.

4. Die Früchte waschen, verlesen und zusammen mit der
Konfitüre fein pürieren.

5. Die Fruchtsauce auf den Tellern verteilen, den Joghurt
darauf stürzen und alles leicht mit Puderzucker bestäuben.

Tipp Dieses Dessert lässt sich gut am Vortag zubereiten.

LOW FETT 30-Tabelle

Brot, Knäcke, Zwieback	Menge	kcal	Fett	Kohlen-hydrate	Fett-kalorien
Baguette	100 g	272	2,0 g	56,0 g	7%
Brandt Brödli mit Vollkorn	100 g	392	7,5 g	68,0 g	17%
Brandt Frühstücks-Zwieback	100 g	373	5,0 g	70,0 g	12%
Brandt Kokos-Zwieback	100 g	420	12,0 g	71,0 g	26%
Brandt Vollkornzwieback	100 g	362	6,0 g	64,0 g	15%
Brötchen, hell	100 g	254	1,7 g	49,6 g	6%
Burger BIO Mehrkorn Knäckebrot	100 g	320	2,0 g	65,0 g	6%
Finn Crisp, pro Scheibe	6 g	20	0,1 g	4,1 g	5%
Griesson Leicht & Cross Knusperbrot Roggen	100 g	336	3,0 g	68,0 g	8%
Gutena Filinchen Ballaststoff Active Knusper-Brot	100 g	377	5,7 g	70,7 g	14%
Gutena Filinchen Vital Knusper-Brot	100 g	392	5,8 g	71,6 g	13%
Gutena Filinchen Wellness Active Knusper-Brot	100 g	395	6,3 g	73,7 g	14%
Kamps - Eck	100 g	275	10,4 g	36,1 g	34%
Kamps Baguette	100 g	241	1,0 g	51,0 g	4%
Kamps Mehrkornbrötchen	100 g	265	5,0 g	46,0 g	17%
Knäckebrot	100 g	317	1,3 g	65,3 g	4%
Laugenbrezeln/-brötchen	100 g	246	1,8 g	50,3 g	7%
Mohnbrötchen	100 g	268	5,4 g	47,0 g	18%
Müller-Brot Ciabatta Pomodori	100 g	263	4,5 g	48,9 g	15%
Neukircher Frühstück Zwieback	100 g	397	7,3 g	73,4 g	17%
Pema Fitness-Brot	100 g	197	5,0 g	29,0 g	23%
Roggenbrot	100 g	228	0,9 g	47,6 g	4%
Wasa Crisp	100 g	315	1,7 g	63,3 g	5%
Wasa Köstlich	100 g	305	8,0 g	45,2 g	24%
Weizentoastbrot	100 g	265	4,0 g	48,1 g	14%
Weißbrot	100 g	237	1,1 g	47,8 g	4%

Müslis, Frühstücksflocken/Müsliriegel, Süßes Gebäck	Menge	kcal	Fett	Kohlen-hydrate	Fett-kalorien
Kelloggs Cornflakes	100 g	368	1,0 g	82,0 g	2%
Kelloggs Honey Loops	100 g	371	3,0 g	78,0 g	7%
Kelloggs Just Right	100 g	351	2,5 g	75,0 g	6%
Nestle Cini-Minis	100 g	410	9,8 g	75,9 g	22%
Nestle Fitness	100 g	358	1,3 g	79,2 g	3%
Wurzener Schoko Monkeys	100 g	366	2,0 g	76,0 g	5%
Müller Brot Kopenhagener Schnecke	100 g	293	5,0 g	56,4 g	15%
Müller Brot XXL- Quarktasche	100 g	327	6,5 g	57,5 g	18%
Müller-Brot Amerikaner	100 g	376	9,8 g	56,4 g	23%
Neukircher Wild Berries	100 g	393	7,4 g	71,9 g	17%

Eier, Fett	Menge	kcal	Fett	Kohlen-hydrate	Fett-kalorien
Hühnerei	100 g	167	10,6 g	0,7 g	57%
Butter	100 g	773	79,0 g	0,0 g	92%
Halbfettmargarine	100 g	381	38,0 g	0,4 g	90%
Olivenöl	100 g	926	94,6 g	0,0 g	92%

Brotaufstriche	Menge	kcal	Fett	Kohlen-hydrate	Fett-kalorien
Schwartau Extra Himbeeren	100 g	265	0,9 g	63,0 g	3%
Du darfst Fruchtaufstrich Himbeere	100 g	132	0,0 g	33,0 g	0%
Ferrero Nutella	100 g	514	30,0 g	54,0 g	53%
Mövenpick Gourmet-Frühstück Fruchtaufstrich Erdbeer-Blutorange	100 g	196	0,9 g	49,0 g	4%

Brotaufstriche (Fortsetzung)	Menge	kcal	Fett	Kohlen-hydrate	Fett-kalorien
Mövenpick Gourmet-Frühstück Fruchtaufstrich Rhabarber mit Bourbon-Vanille	100 g	196	0,9 g	49,0 g	4%
natreen Erdbeer Extra	100 g	110	0,2 g	25,6 g	2%
natreen Orangenmarmelade	100 g	109	0,1 g	26,2 g	1%
Quitten, Konfitüre	100 g	238	0,0 g	58,3 g	0%
Schneekoppe Fruchtzucker-Konfitüre Schwarze-Johannisbeere	100 g	165	0,1 g	38,0 g	1%
Honig	100 g	325	0,0 g	81,0 g	0%

Milchprodukte	Menge	kcal	Fett	Kohlen-hydrate	Fett-kalorien
Kefir, 1,5%	100 g	48	1,6 g	3,2 g	30%
Müller Milchreis Original Pur (ohne Frucht)	100 g	105	2,1 g	17,2 g	18%
Sahne, 10%	100 g	127	9,4 g	4,1 g	67%
Sahne, 30%	100 g	317	30,1 g	3,3 g	85%
saure Sahne, (Rahm)	100 g	117	10,0 g	3,7 g	77%
saure Sahne, extra	100 g	187	18,0 g	3,4 g	87%
Schmand, 24%	100 g	239	24,0 g	3,2 g	90%
Tzatziki	100 g	135	10,0 g	7,0 g	67%

Getränke aus Milch	Menge	kcal	Fett	Kohlen-hydrate	Fett-kalorien
Buttermilch	100 g	39	0,5 g	4,8 g	12%
Dickmilch, entrahmt	100 g	32	0,1 g	4,2 g	3%
Kakaotrunk aus Magermilch	100 g	52	0,3 g	8,9 g	5%
Kondensmilch, 10%	100 g	182	9,6 g	12,5 g	47%
Kondensmilch, 7,5%	100 g	137	7,2 g	9,5 g	47%
Rohmilch, Vorzugsmilch	100 g	69	3,6 g	4,8 g	47%
Trinkmilch, 3.5%	100 g	67	3,4 g	4,8 g	46%
Trinkmilch, fettarm, 1,5%	100 g	49	1,6 g	4,8 g	29%

Joghurt/Joghurtdrink	Menge	kcal	Fett	Kohlen-hydrate	Fett-kalorien
ALDI Frucht-Joghurt aus entrahmter Milch 0,1% Fett	100 g	79	0,1 g	15,6 g	1%
Bauer Die Feinen - Fruchtjoghurt	100 g	95	2,6 g	14,6 g	25%
Danone & Frucht Diät	100 g	44	0,3 g	6,0 g	6%
Danone Fresh Drink Orange 0,1%	100 g	36	0,1 g	6,9 g	3%
Ehrmann Almighurt light	100 g	62	1,1 g	10,0 g	16%
Ehrmann Genuß Diät Fruchtjoghurt mild	100 g	68	2,5 g	8,0 g	33%
frischli Yo-fruit, Ananas/Pfirsich-Maracuja	100 g	87	1,2 g	16,1 g	12%
Landliebe fettarmer Joghurt 1,5%	100 g	60	1,5 g	6,4 g	23%
Milram Genuß pur Joghurt mild aus Magermilch	100 g	34	0,1 g	4,4 g	3%
Müller Froop Himbeer	100 g	111	3,0 g	16,3 g	24%
Mövenpick Bircher Apfel-Waldfrucht	100 g	103	2,4 g	17,7 g	21%
natreen Break-Time Orange-Banane-Vanille-Joghurt	100 g	18	0,1 g	4,3 g	5%
Nestle LC1 Diät 1,4 % Erdbeere, Kirsche	100 g	60	1,3 g	7,3 g	20%
Nestle LC1 go 0%	100 g	69	0,0 g	15,0 g	0%
Onken Sommer-Joghurt, Orange, Zitrone, Ananas	100 g	100	2,7 g	15,1 g	24%
Schneekoppe Probiotischer Vanille	100 g	60	0,8 g	9,0 g	12%
Yakult Light	100 g	47	0,0 g	12,2 g	0%
Zott Jogolé Molkedrink	100 ml	59	0,1 g	12,7 g	2%

Quark, -produkte, Käse, Tofu	Menge	kcal	Fett	Kohlen-hydrate	Fett-kalorien
Ehrmann Allgäuer Speisequark 0%	100 g	57	0,2 g	4,1 g	3%
Exquisa Fruchtquark, 0,2% Fett abs., Himbeer	100 g	87	0,2 g	15,1 g	2%
Exquisa Quark, 0,2% Fett abs., pur	100 g	48	0,2 g	3,5 g	4%
Landliebe Quark Magerstufe 500g	100 g	67	0,2 g	3,8 g	3%
Milram Fruchtquark	100 g	111	2,6 g	15,4 g	21%
Milram Lecker & Locker leicht	100 g	72	0,2 g	11,1 g	3%
Onken Früchtequark Diät m. K.	100 g	56	0,2 g	6,0 g	3%
Buko Activ Gartenkräuter	100 g	80	0,8 g	4,0 g	9%
Buko Activ Natur	100 g	80	0,8 g	4,0 g	9%

Quark, -produkte, Käse, Tofu (Fortsetzung)	Menge	kcal	Fett	Kohlen-hydrate	Fett-kalorien
Exquisa Fitline Kräuter 0,2%	100 g	64	0,2 g	4,1 g	3%
Crema vanilla di Colossi	100 g	145	4,2 g	20,0 g	26%
Tofu	100 g	83	4,8 g	1,9 g	52%

Obst, -saft, -produkte, Salat, Pilze	Menge	kcal	Fett	Kohlen-hydrate	Fett-kalorien
Obst: Alles Obst ist LOW FETT 30					
Apfelsaft	100 g	57	0,0 g	11,7 g	0%
Apfelsinensaft	100 g	46	0,2 g	9,4 g	4%
eckes FruchtTiger Roter Beerenmix mit Süßstoff	100 g	15	0,5 g	3,4 g	30%
Grapefruitsaft	100 g	36	0,1 g	7,2 g	3%
Multi-Vitamin-Saft, Reformhaus	100 g	50	0,0 g	12,0 g	0%
natreen Kirsch Fruchtsaftgetränk	100 g	22	0,1 g	4,6 g	4%
Schwartau Früchte Frühstück Apfel Orange Karotte mit ACE	100 g	56	0,0 g	13,7 g	0%
Traubensaft, rot	100 g	70	0,0 g	16,5 g	0%
Zitronensaft	100 g	27	0,1 g	2,4 g	3%
Apfelmus	100 g	79	0,1 g	19,3 g	1%
Aprikosen in Dosen	100 g	75	0,1 g	18,1 g	1%
natreen Aprikosen	100 ml	28	0,1 g	5,7 g	3%
Salat: Bis auf Avocado und Oliven alles LOW FETT 30					
Austernpilz	100 g	11	0,1 g	0,0 g	8%
Champignon, frisch	100 g	15	0,2 g	0,7 g	12%

Kaffeegetränkepulver	Menge	kcal	Fett	Kohlen-hydrate	Fett-kalorien
Krüger Cappuccino Classic	100 g	373	9,2 g	54,7 g	22%
Krüger Cappuccino Schoko	100 g	374	8,1 g	59,5 g	19%
Jacobs Cappuccino Amaretto	100 ml	399	13,1 g	62,3 g	30%
Jacobs Cappuccino Chocolata	100 ml	402	9,6 g	73,8 g	21%
Nestle Bonjour	100 g	5	0,0 g	1,3 g	0%
Nestle Nescafe Typ Cappucino, cremig-zart	100 g	38	0,8 g	5,8 g	19%

Alkoholische Getränke	Menge	kcal	Fett	Kohlen-hydrate	Fett-kalorien
Altbier	250 ml	100	0,0 g	7,0 g	0%
Pils	250 ml	105	0,0 g	8,0 g	0%
Rosé	125 ml	90	0,0 g	3,0 g	0%
Rotwein	125 ml	95	0,0 g	3,0 g	0%
Sekt, halbtrocken	100 ml	90	0,0 g	4,0 g	0%
Weinschorle	125 ml	45	0,0 g	2,0 g	0%
Weißwein	125 ml	85	0,0 g	3,0 g	0%

Fleisch	Menge	kcal	Fett	Kohlen-hydrate	Fett-kalorien
Brust, Lamm/Hammel	100 g	381	3,7 g	0,0 g	9%
Brust, Kalb	100 g	131	6,3 g	0,0 g	43%
Kalb-Haxe	100 g	98	1,6 g	0,0 g	15%
Kalbs-Braten	100 g	113	3,0 g	0,0 g	24%
Kalbsgulasch	100 g	111	3,1 g	0,0 g	25%
Kalbsschnitzel	100 g	107	2,6 g	0,0 g	22%
Kotelett, Kalb	100 g	110	3,0 g	0,0 g	25%
Rind: Kamm (Hals)	100 g	150	8,1 g	0,0 g	49%
Rinder-Filet-Steak	100 g	121	4,0 g	0,0 g	30%
Rinder-Gulasch aus der Keule	100 g	119	3,5 g	0,0 g	26%
Rinder-Leber	100 g	113	3,1 g	1,7 g	25%
Rindfleisch, mager, Hüfte, Wade	100 g	108	2,4 g	0,0 g	20%
Rump-Steak	100 g	121	4,0 g	0,0 g	30%
Tatar	100 g	113	3,0 g	0,0 g	24%
Schweine-Filet	100 g	106	2,0 g	0,0 g	17%
Schweine-Geschnetzeltes aus dem Schinken	125 g	132	2,5 g	0,0 g	17%
Schweine-Gulasch aus dem Schinken	100 g	106	2,0 g	0,0 g	17%
Schweine-Minuten-Schnitzel aus der Oberschale	125 g	132	2,5 g	0,0 g	17%

Fleisch (Fortsetzung)	Menge	kcal	Fett	Kohlen-hydrate	Fett-kalorien
Schweine-Roulade aus der Oberschale	100 g	106	2,0 g	0,0 g	17%
Schweine-Schinken-Braten aus der Hüfte	125 g	125	1,9 g	0,0 g	14%
Schweine-Schinken-Braten aus der Nuss	100 g	93	1,0 g	0,0 g	10%
Schweine-Schnitzel aus dem Schinken	100 g	106	2,0 g	0,0 g	17%
Hase	100 g	113	3,0 g	0,0 g	24%
Hirsch	100 g	112	3,3 g	0,0 g	27%
Reh, Keule	100 g	97	1,3 g	0,0 g	12%
Reh, Rücken	100 g	122	3,6 g	0,0 g	27%
Ente	100 g	227	17,2 g	0,0 g	68%
Wiesenhof Hähnchen Brustfilet	100 g	99	0,9 g	0,0 g	8%

Wurstwaren	Menge	kcal	Fett	Kohlen-hydrate	Fett-kalorien
Bierschinken	100 g	169	11,4 g	0,0 g	61%
Geflügelwurst, mager	100 g	108	4,8 g	0,0 g	40%
Herta Finesse Hähnchen-Pastete Provence	100 g	93	1,0 g	0,0 g	10%
Herta Finesse Lachsschinken	100 g	125	1,0 g	0,0 g	7%
Herta Finesse Schinken Country	100 g	106	2,0 g	0,0 g	17%
Herta Rohschinken-Würfel	100 g	119	2,0 g	0,0 g	15%
Leberwurst, grob	100 g	326	29,2 g	0,0 g	81%
Mettwurst	100 g	390	37,2 g	0,0 g	86%
Mortadella	100 g	345	32,8 g	0,0 g	86%
Münchener Weißwurst	100 g	287	27,0 g	0,0 g	85%
Prosciutto originale di Colossi	100 g	111	2,0 g	0,0 g	16%
Rotwurst	100 g	301	29,0 g	0,0 g	87%
Salami	100 g	371	33,0 g	0,0 g	80%
Tulip Hauchschnitt Hähnchenbrust Pur	100 g	95	1,0 g	1,0 g	9%

Fisch	Menge	kcal	Fett	Kohlen-hydrate	Fett-kalorien
Heilbutt	100 g	101	2,3 g	0,0 g	21%
Hering	100 g	193	17,8 g	0,0 g	83%
Kabeljau, Filet	100 g	68	0,0 g	0,0 g	0%
Lachs	100 g	202	13,6 g	0,0 g	61%
Makrele	100 g	180	11,6 g	0,0 g	58%
Scholle	100 g	86	1,9 g	0,0 g	20%
Seelachs	100 g	80	0,8 g	0,0 g	9%
Seeteufel	100 g	73	0,7 g	0,0 g	9%
Steinbutt	100 g	82	1,7 g	0,0 g	19%
Thunfisch	100 g	227	15,3 g	0,0 g	61%
Aal	100 g	281	24,5 g	0,0 g	78%
Barsch	100 g	81	0,8 g	0,0 g	9%
Forelle	100 g	102	2,7 g	0,0 g	24%
Hecht	100 g	82	0,9 g	0,0 g	10%
Karpfen	100 g	115	4,8 g	0,0 g	38%
Schleie	100 g	77	0,7 g	0,0 g	8%
Zander	100 g	83	0,7 g	0,0 g	8%
Austern	100 g	66	1,2 g	4,8 g	16%
Garnelen	100 g	87	1,4 g	0,0 g	14%
Miesmuschel	100 g	51	1,3 g	0,0 g	23%
Tintenfisch	100 g	68	0,8 g	0,0 g	11%
Thunfisch in Wasser	100 g	113	0,5 g	0,0 g	4%

Reis, Nudeln, Knödel	Menge	kcal	Fett	Kohlen-hydrate	Fett-kalorien
Reis, poliert, gekocht	100 g	104	0,3 g	23,5 g	3%
Wurzener Kuko Reis	100 g	338	0,2 g	77,0 g	1%
Barilla Rohware	100 g	350	1,5 g	72,2 g	4%
Bernbacher Die Guten Eiernudeln	100 g	118	0,7 g	23,1 g	5%
Glasnudeln	100 g	160	0,0 g	20,0 g	0%
Kattus Gnocchi	100 g	350	0,5 g	75,6 g	1%
Mamma lucia Pasta aus 100 % Hartweizen	100 g	357	1,3 g	75,0 g	3%

Reis, Nudeln, Knödel (Fortsetzung)	Menge	kcal	Fett	Kohlen-hydrate	Fett-kalorien
Mamma lucia Tortellini mit Käsefüllung	100 g	369	7,6 g	60,5 g	19%
Nestle Fagottini Basilico e Ricotta	100 g	305	8,8 g	44,8 g	26%
Pasta Colossi	100 g	347	3,8 g	75,0 g	10%
Schaaf Teigwaren mit 20 % Ei	100 g	354	2,3 g	70,0 g	6%
Tress Original Hausmacher Frischei-Spätzle	100 g	366	3,0 g	72,6 g	7%
Vollkornnudeln, roh	100 g	343	3,0 g	64,0 g	8%
Pfanni Böhmische Knödel	100 g	322	2,0 g	64,0 g	6%
Pfanni Knödel halb und halb im Kochbeutel	100 g	312	1,0 g	68,0 g	3%
Pfanni Semmel-Knödel im Kochbeutel	100 g	394	11,0 g	64,0 g	25%

Getreideprodukte, Mehl	Menge	kcal	Fett	Kohlen-hydrate	Fett-kalorien
Gerste, Korn	100 g	318	1,9 g	63,3 g	5%
Grieß	100 g	326	0,0 g	14,0 g	0%
Haferflocken	100 g	375	6,3 g	63,3 g	15%
Weizenkleie, Schneekoppe	100 g	185	5,0 g	19,0 g	24%
Amaranth	100 g	364	8,8 g	57,0 g	22%
Buchweizenmehl	100 g	358	2,4 g	70,7 g	6%
Roggenmehl, Type 805	100 g	323	0,9 g	71,0 g	3%
Sojamehl	100 g	370	18,5 g	3,1 g	45%
Weizenmehl, Type 405	100 g	338	0,9 g	70,9 g	2%

Backzutaten	Menge	kcal	Fett	Kohlen-hydrate	Fett-kalorien
Backpulver	100 g	89	0,0 g	22,0 g	0%
Bahlsen Biskuit Tortenboden	100 g	331	5,0 g	67,0 g	14%
Bitterschokolade	100 g	550	32,0 g	62,0 g	52%
Blatt Gelatine, weiß	100 g	352	0,0 g	0,0 g	0%
Buitoni, Frischteig, Pizzateig	100 g	272	6,9 g	45,4 g	23%
Hefe	100 g	83	2,4 g	11,9 g	26%
Zucker	100 g	400	0,0 g	100,0 g	0%

Süßes Gebäck, Kekse	Menge	kcal	Fett	Kohlen-hydrate	Fett-kalorien
Muh Muhs	100 g	421	7,0 g	85,0 g	15%
Bahlsen Akora Kekse Edelherb	100 g	392	11,0 g	68,0 g	25%
Bahlsen Bunte Lebkuchen Mischung	100 g	390	7,0 g	77,0 g	16%
Bahlsen Lebkuchenmänner	100 g	406	8,0 g	77,0 g	18%
De Beukelaer PiMs Orange	100 g	385	12,0 g	66,0 g	28%
Dr. Oetker Zitronenkuchen	100 g	367	1,1 g	85,3 g	3%
Griesson 1+2=3 Russisch Brot	100 g	389	1,0 g	88,0 g	2%
Griesson Leicht & Cross Knuspercrunch Zitrone	100 g	396	10,0 g	72,0 g	23%
Kamps Amerikaner	100 g	303	4,6 g	61,2 g	14%
Löffelbiskuit	100 g	400	0,0 g	80,0 g	0%
Neukircher Wild Berries Himbeere, Feingebäck mit Früchten	100 g	393	7,4 g	71,9 g	17%
Neukircher Wild Berries Waldbeere, Feingebäck mit Früchten	100 g	393	7,4 g	71,9 g	17%

Bonbons	Menge	kcal	Fett	Kohlen-hydrate	Fett-kalorien
Colossinis	100 g	396	7,0 g	99,0 g	16%
Haribo Cola-Kracher	100 g	382	4,2 g	84,0 g	10%
Haribo Color-Rado	100 g	342	2,1 g	76,0 g	6%
Haribo Goldbären	100 g	340	0,0 g	78,0 g	0%
Haribo Konfekt	100 g	354	3,4 g	75,0 g	9%
Katjes Almdudler	100 g	329	0,0 g	75,0 g	0%
Katjes Daffy Cola	100 g	336	0,0 g	76,0 g	0%
Katjes Euro Lakritz	100 g	342	0,0 g	84,0 g	0%
Pulmoll Classic, zuckerfrei	100 g	239	0,0 g	97,0 g	0%
Ragolds Atemgold Classic	100 g	391	0,0 g	97,0 g	0%
Storck Durchbeißer Karamell	100 g	420	12,3 g	78,4 g	26%
Storck Riesen	100 g	452	18,4 g	68,7 g	37%

Schokoladiges	Menge	kcal	Fett	Kohlen-hydrate	Fett-kalorien
3 Musketeers Schokoriegel	100 g	430	13,3 g	76,2 g	28%
Masterfoods Mars	100 g	477	18,5 g	73,6 g	35%
Masterfoods Milky Way	100 g	451	16,7 g	71,6 g	33%
Nappo	100 g	391	6,7 g	81,4 g	15%
Nestle After Eight	100 g	423	13,0 g	74,0 g	28%
Piasten Schokolinsen	100 g	442	14,0 g	76,0 g	29%
PowerBar Harvest	100 g	369	6,2 g	67,7 g	15%
Ritter Sport Rum-Trauben-Nuss	100 g	481	25,0 g	60,0 g	47%
Samba Schaumküsse	100 g	366	9,0 g	68,0 g	22%
Storck Super Dickmann's	100 g	366	9,0 g	68,0 g	22%

Nachspeise/Pudding/-pulver	Menge	kcal	Fett	Kohlen-hydrate	Fett-kalorien
Dr. Oetker Kirsch-Grütze	100 g	115	0,3 g	27,2 g	2%
Ehrmann Creme Pudding Schoko	100 g	121	3,0 g	20,5 g	22%
Nestle Mousse au Chocolat Noir	100 g	142	3,4 g	20,3 g	22%
Puddis Grießpudding mit Schokosoße	100 g	101	2,3 g	17,0 g	21%
Puddis Pudding & Milchcreme Haselnuss	100 g	112	3,8 g	17,0 g	31%
Puddis Schokopudding mit Vanillesoße 4x125g	100 g	119	4,0 g	18,0 g	30%
Puddis Vanillepudding mit Schokosoße 4x125g	100 g	101	2,2 g	18,0 g	20%
Ravensberger Götterspeise Gartenfrucht rot	100 g	77	0,0 g	19,0 g	0%
Veris Instant Fruchtsuppe Aprikose	100 g	383	0,1 g	93,6 g	0%
Veris Instant Fruchtsuppe Erdbeer	100 g	380	0,2 g	92,5 g	0%
Veris Instant Fruchtsuppe Sanddorn-Banane	100 g	385	0,6 g	93,5 g	1%
Veris Instant Fruchtsuppe Schwarze Johannisbeere	100 g	375	0,1 g	91,5 g	0%
Veris Rote Grütze	100 g	370	0,4 g	86,4 g	1%
Zott Mocca	100 g	107	3,1 g	16,1 g	26%

Knabberartikel	Menge	kcal	Fett	Kohlen-hydrate	Fett-kalorien
Gutena Kräuter Filinchen Der Waffelsnack	100 g	395	7,6 g	68,4 g	17%
Gutena Zwiebel Filinchen Der Waffelsnack	100 g	405	9,7 g	67,4 g	22%
Leicht&Cross Knusperscheiben	100 g	413	9,0 g	73,0 g	20%
Lorenz Baff Popcorn	100 g	420	8,0 g	84,0 g	17%
SCHIPPS - Paprika	100 g	438	14,0 g	73,0 g	29%
SCHIPPS - salted	100 g	438	14,0 g	73,0 g	29%
TUC Cracker Classic	100 g	496	22,0 g	67,0 g	40%
XOX Apfelchips	100 g	300	0,9 g	72,0 g	3%
XOX Big Stixx Sesam	100 g	417	8,2 g	73,5 g	18%

Saucen, Dips, und Dressings	Menge	kcal	Fett	Kohlen-hydrate	Fett-kalorien
Veris Weiße Soße	100 g	393	12,7 g	56,7 g	29%
Himbeersirup, Schneekoppe	100 g	88	0,0 g	21,0 g	0%
Schwartau Schokosauce	100 g	268	4,0 g	56,0 g	13%
Bamboo Garden Barbecue Sauce	100 g	155	0,8 g	31,6 g	5%
Birkel Nudel up Tomate-Kräuter	100 ml	35	0,2 g	6,9 g	5%
Homann Hamburger Sauce	100 g	116	0,3 g	25,8 g	2%
Knorr Spaghetteria Tomaten Sauce Napoli	100 g	317	5,0 g	55,0 g	14%
Knorr Tomato al Gusto Basilikum	100 g	35	1,0 g	6,0 g	26%
Kraft Feinkostsauce Barbecue	100 g	103	0,3 g	22,5 g	3%
Kraft Feinkostsauce Chili	100 ml	72	0,3 g	15,0 g	4%
Kühne Gourmet Saucen Hot Chili	100 ml	128	0,9 g	27,3 g	6%
Lacroix Asia Fond	100 g	7	0,0 g	0,7 g	0%
Lacroix Gemüse-Fond	100 g	5	0,0 g	0,7 g	0%
Lacroix Wild-Fond	100 g	4	0,0 g	0,3 g	0%
Tartex-Sauce Champignon	100 g	71	3,8 g	6,8 g	48%
Tartex-Sauce Shanghai	100 g	67	0,1 g	15,5 g	1%
Thomy Les Sauces Pfeffer Sahne-Sauce	100 ml	115	7,5 g	11,2 g	59%
Unox Schlemmersauce Barbecue-Sauce	100 g	88	0,0 g	21,6 g	0%
Hengstenberg Pizza Fix Peperoncini	100 ml	47	0,2 g	9,3 g	4%
Homann Pikante Zigeuner-Sauce	100 g	64	0,2 g	14,2 g	3%

Saucen, Dips, und Dressings (Fortsetzung)	Menge	kcal	Fett	Kohlen-hydrate	Fett-kalorien
Chio Tortillas Dip	100 g	101	0,1 g	23,9 g	1%
Fuego Green Salsa	100 g	64	0,2 g	13,0 g	3%
Knorr Salatkrönung für klare Kräuter-Sauce-Petersilie-Kräuter	100 g	307	2,0 g	59,0 g	6%
Kraft Gartenkräuter Dressing	100 g	35	0,0 g	7,7 g	0%
Kühne Salatfix American Caesar	100 g	242	2,3 g	4,8 g	9%
Veris Basis für Salat-Dressing mit Kräutern	100 g	323	2,6 g	65,7 g	7%
Veris Salat-Fix für Kartoffelsalat	100 g	237	0,6 g	44,5 g	2%
Veris Salat-Fix Universal	100 g	318	0,3 g	70,3 g	1%
Dr. Oetker Gustin Fix Speisebinder	100 g	385	0,1 g	96,0 g	0%
Knorr Fix für Spaghetti Napoli	100 g	301	3,0 g	54,0 g	9%
Maggi Fix für Potato Fries	100 g	295	4,5 g	51,5 g	14%
Mondamin Fix-Sossenbinder, dunkel	100 g	358	1,0 g	87,0 g	3%
Zamek fix für Hackbraten	100 g	327	1,0 g	58,0 g	3%

Gewürze, Würzzutaten, Würzsaucen	Menge	kcal	Fett	Kohlen-hydrate	Fett-kalorien
Grüner Pfeffer	100 g	26	0,8 g	3,4 g	28%
Ingwer	100 g	61	0,8 g	11,0 g	12%
Schnittlauch	100 g	27	0,7 g	1,6 g	23%
Maggi Gekörnte Brühe	100 ml	3	0,2 g	0,2 g	60%
Meerettich, Glas	100 g	188	1,9 g	1,9 g	9%
Sardellenpaste	100 g	195	11,3 g	8,2 g	52%
Sojasauce	100 g	75	0,0 g	20,0 g	0%
Veris Vision Gemüsebouillon	100 g	141	2,5 g	21,5 g	16%
Veris Vision Rinderfond	100 g	318	10,4 g	47,3 g	29%
Kikkoman´s Soja-Sauce	100 ml	54	0,0 g	5,7 g	0%
Kikkoman´s Süße Soja Sauce	100 ml	116	0,0 g	22,7 g	0%
Kikkoman´s Teriyaki Marinade	100 g	83	0,0 g	15,2 g	0%
Maggi Gourmet Bouillon Huhn	100 ml	77	1,1 g	8,1 g	13%

Senf, Essig, Ketchup	Menge	kcal	Fett	Kohlen-hydrate	Fett-kalorien
Develey Bayerischer König Senf	100 ml	213	4,1 g	38,8 g	17%
Develey Hausmacher Senf	100 ml	194	2,7 g	37,5 g	13%
Develey Original Münchener Weißwurstsenf	100 g	205	2,6 g	40,7 g	11%
Develey Senf Mittelscharf mit Kräutern	100 g	93	2,5 g	12,8 g	24%
Hengstenberg Aceto Balsamico di Modena	100 g	104	0,0 g	27,0 g	0%
Hengstenberg Oro di Parma Tomatenmark 3-fach	100 g	102	0,4 g	19,2 g	4%
Kraft Gewürz-Ketchup Curry	100 ml	69	0,1 g	16,0 g	1%
Livio Curryketchup	100 ml	88	0,2 g	20,0 g	2%
Senf, süß	100 g	125	4,0 g	6,0 g	29%

Suppen	Menge	kcal	Fett	Kohlen-hydrate	Fett-kalorien
Veris Gaspacho Andaluz - kalte Gemüsesuppe	100 g	344	6,1 g	66,9 g	16%
Erasco Heisse Tasse Swing Lauch mit Pasta	100 ml	71	1,1 g	13,7 g	14%
Erasco Heisse Tasse Swing Sommergemüse mit Pasta u. Gartenkräuter	100 ml	70	1,5 g	12,4 g	19%
Erasco Heisse Tasse Swing Tomate mit Pasta und Basilikum	100 ml	65	0,9 g	12,5 g	12%
Knorr Feinschmecker Tomatensuppe "Toscana" (2 Teller)	100 g	342	10,0 g	50,0 g	26%
Knorr Fette Brühe, Würfel	100 g	304	25,0 g	1,0 g	74%
Knorr Suppenliebe Buchstaben-Suppe (4 Teller)	100 g	325	4,0 g	59,0 g	11%
Maggi Meisterklasse Suppen Hühnersuppe mit Nudeln	100 g	347	11,3 g	43,1 g	29%
Unox Heisse Tasse Champignon-Creme	100 g	42	0,9 g	8,1 g	19%
Birkel Minuto Nudeltopf Asiatischer Art	100 g	100	4,0 g	14,0 g	36%
Maggi 5 Minuten Terrine Broccoli-Nudeltopf	100 g	404	12,4 g	62,3 g	28%
Unox Heisse Tasse Spargel-Creme-Suppe	100 g	40	1,2 g	6,9 g	27%
Erasco Erbsensuppe Hausm. Art	100 g	81	2,5 g	9,8 g	28%
Erasco Feine Suppen Klare Ochsenschwanzsuppe	100 g	18	0,4 g	0,5 g	20%
Erasco Linsensuppe Hausm. Art	100 g	75	2,4 g	9,1 g	29%
Herta Ochsenschwanzsuppe	100 g	90	2,0 g	6,0 g	20%
Knorr Hühner-Kraft-Bouillon, Glas	100 g	235	8,0 g	24,0 g	31%

Suppen (Fortsetzung)	Menge	kcal	Fett	Kohlen-hydrate	Fett-kalorien
Lacroix Doppelte Kraftbrühe	100 ml	8	0,0 g	0,1 g	0%
Lacroix Franz. Zwiebelsuppe	100 g	21	0,4 g	3,5 g	17%

Fertiggerichte aus Tüte/Beutel/Karton/Dose	Menge	kcal	Fett	Kohlen-hydrate	Fett-kalorien
Bernbacher Spaghetti Bolognaise	100 g	234	3,5 g	40,9 g	13%
Knorr Spaghetteria Familienpackung Pasta Formaggio Nudeln in Käse Sauce (4 Portionen)	100 g	393	12,0 g	59,0 g	27%
Kraft Miracoli Spaghetti mit Tomatensauce 2-3 Portionen, + 20 g Butter	100 g	130	2,9 g	21,0 g	20%
Maggi Asia Nudel Snack Ayam-Huhn	100 g	339	1,4 g	66,3 g	4%
Maggi Pastaria Bolognese-Spirelli in Tomaten-Fleischsauce	100 g	377	5,6 g	65,8 g	13%
Soft flour Tortillas grün	100 g	309	4,0 g	59,0 g	12%
Pizza Hawaii di Colossi	100 g	214	7,0 g	32,0 g	29%
Pizza Verde di Colossi	100 g	182	6,0 g	27,0 g	30%
D`Angelo Cappelletti mit Pesto, semi-frisch	100 g	299	4,0 g	56,0 g	12%
Erasco 1-Portion Ital. Tomaten-Nudeltopf	100 g	45	0,6 g	7,6 g	12%
Erasco Feuriger Chinagemüse-Topf	100 g	23	0,2 g	4,5 g	8%
Erasco Griech. Reispfanne	100 g	166	5,4 g	23,8 g	29%
Zamek Int. Spezialtopf Irischer Hochlandtopf	100 g	62	2,0 g	7,0 g	29%
Zamek Metzger Meister Linsensuppe	100 g	60	2,0 g	8,0 g	30%
Zamek Partytopf Chilibohnentopf	100 g	90	2,0 g	13,0 g	20%

Tiefkühlkost – Gemüse	Menge	kcal	Fett	Kohlen-hydrate	Fett-kalorien
bofrost Bruschetta Tomate/Mozzarella 264	100 g	180	4,3 g	27,7 g	22%
bofrost Feinschmecker Pilzmischung 731	100 g	15	0,3 g	1,7 g	18%
bofrost Romanesco-Gemüse-Mix 733	100 g	31	0,3 g	4,9 g	9%
Iglo Apfel-Rotkohl	100 g	65	1,7 g	11,0 g	24%
Iglo Balance-Auswahl	100 g	109	6,1 g	9,9 g	50%
Iglo Balkangemüse	100 g	85	0,9 g	15,0 g	10%
Dr. Schnetkamp Vollwert-Küche Gemüse-Rösti	100 g	88	0,2 g	19,6 g	2%

Tk-Kartoffelprodukte, Klöße, Knödel	Menge	kcal	Fett	Kohlen-hydrate	Fett-kalorien
Agrarfrost Backfrites 3%	100 g	147	3,0 g	27,0 g	18%
bofrost Pommes frites extra 651	100 g	122	3,9 g	19,4 g	29%
bofrost Reibekuchen 656	100 g	150	5,0 g	23,9 g	30%
bofrost Kartoffelklöße 657	100 g	117	0,2 g	26,8 g	2%
bofrost Semmelknödel 671	100 g	274	14,0 g	30,0 g	46%
McCain American Dinner classic	100 g	169	5,4 g	25,2 g	29%
McCain Golden Americans	100 g	134	4,0 g	22,0 g	27%
Schne-Frost Gnocchi	100 g	141	1,7 g	33,3 g	11%
Schne-Frost Rösti (Schweizer Art)	100 g	83	1,0 g	18,0 g	11%
Schne-Frost Semmelknödel	100 g	168	2,0 g	31,0 g	11%

Tk-Reis- und Nudelgerichte	Menge	kcal	Fett	Kohlen-hydrate	Fett-kalorien
eismann Reispfanne Neu Delhi 7380	100 g	199	3,0 g	36,0 g	14%
Iglo Gemüsegericht mit Reis	100 g	79	1,9 g	13,0 g	22%
bofrost Penne Rialto	100 g	181	5,0 g	28,0 g	25%
bofrost Penne Vier Käse 295	100 g	149	4,6 g	20,5 g	28%
bofrost schwäb. Schupfnudeln 669	100 g	151	1,3 g	30,8 g	8%
Iglo Bandnudeln im Tomaten-Käse-Sauce	100 g	121	3,8 g	15,0 g	28%
Iglo Penne Arrabbiata	100 g	126	3,0 g	21,0 g	21%
Frosta Pasta Gerichte Fettuccine Filetto Di Pollo	100 g	122	4,4 g	13,5 g	32%

Tk-Pizzas und Pizza-Baguettes	Menge	kcal	Fett	Kohlen-hydrate	Fett-kalorien
Alberto Pizza Vegetale	100 g	169	5,0 g	23,0 g	27%
bofrost Bruschetta Schinken und Käse 264	100 g	197	6,0 g	25,5 g	27%
bofrost Hawaii-Baguette 280	100 g	234	6,0 g	34,0 g	23%

Tk-Pizzas und Pizza-Baguettes (Fortsetzung)	Menge	kcal	Fett	Kohlen-hydrate	Fett-kalorien
bofrost Vollwert-Crossi-Mix: Broccoli-Käse-Crossi 174	100 g	113	3,6 g	15,4 g	29%
Costa Garnelen-Baguettes mit Sauerrahm	100 g	189	4,5 g	27,5 g	21%
Dr. Oetker Die Ofenfrische Pizza Campignon	100 g	175	5,0 g	25,3 g	26%
Dr. Oetker Die Ofenfrische Pizza Paprika-Bolognese	100 g	197	6,0 g	26,6 g	27%
Dr. Oetker Die Ofenfrische Pizza Schinken-Zwiebel-Spezial	100 g	193	5,4 g	28,9 g	25%
Iglo Bistro Baguettes Champignon	100 g	215	7,0 g	30,0 g	29%
Iglo Bistro Baguettes Schinken	100 g	220	5,6 g	33,0 g	23%
Iglo Bistro Baguettes Spinat	100 g	214	6,8 g	30,0 g	29%
Iglo Kruston Bauernspeck-Zwiebel	100 g	203	4,5 g	33,0 g	20%
Iglo Kruston Frischkäse-Tomate	100 g	235	7,2 g	35,0 g	28%
La Pizza Prosciutto-Rucola-Pesto	100 g	192	6,2 g	24,5 g	29%
La Pizza Salmone-Spinaci	100 g	189	5,9 g	24,0 g	28%

Tk-Fischgerichte	Menge	kcal	Fett	Kohlen-hydrate	Fett-kalorien
Costa Bouillabaisse	100 g	45	1,5 g	2,2 g	30%
Costa Dim Sum	100 g	166	1,0 g	18,0 g	5%
Costa Sushi	100 g	135	1,1 g	25,3 g	7%
Iglo Fischstäbchen	100 g	197	8,3 g	17,0 g	38%

Tk-Hauptgerichte mit Fleisch	Menge	kcal	Fett	Kohlen-hydrate	Fett-kalorien
bofrost Putengeschnetzeltes Provencale 441	100 g	94	2,0 g	13,0 g	19%
bofrost Sauerbraten in Soße	100 g	111	3,4 g	4,4 g	28%
eismann Putenbrust "Piccata Milanese" 8588	100 g	129	1,0 g	13,0 g	7%
Frosta Dinner International Bami Goreng	100 g	103	1,8 g	14,4 g	16%
Frosta Internationale Gerichte Hähnchen Curry	100 g	109	2,1 g	16,1 g	17%
Geti Wilba Hirschgulasch	100 g	102	2,0 g	0,0 g	18%
Geti Wilba Wildschweinbraten	100 g	93	1,0 g	0,0 g	10%
Iglo Hähnchenfilet in Salbeisauce	100 g	90	2,6 g	8,3 g	26%

Tk-Kuchen, Gebäck, Teigwaren	Menge	kcal	Fett	Kohlen-hydrate	Fett-kalorien
bofrost Hefeklöße 296	100 g	229	2,0 g	45,5 g	8%
bofrost Heidelbeer-Pfannkuchen 291	100 g	130	1,3 g	23,8 g	9%
bofrost Kaiserschmarrn 452	100 g	127	2,9 g	21,5 g	21%
bofrost Obsttortenvielfalt 853	100 g	181	5,5 g	30,6 g	27%
Coppenrath & Wiese Apfel-Streusel-Kuchen	100 g	192	6,3 g	30,3 g	30%
Coppenrath & Wiese Baguettes	100 g	255	1,1 g	54,0 g	4%
Coppenrath & Wiese Unsere Goldstücke, Weizen	100 g	265	2,1 g	52,1 g	7%
Costa Dampfnudeln	100 g	249	3,3 g	46,9 g	12%
Dinghartinger Apfelstrudel, gebacken und portioniert, tiefgefroren	100 g	201	4,6 g	37,2 g	21%
Dr. Schnetkamp Vollwert-Küche Quark-Kipferl mit Rosinen	100 g	199	6,3 g	24,9 g	28%
Iglo 3 Riesen-Germknödel "Original aus Österreich" ohne Mohn-Zucker-Mischung	100 g	268	5,0 g	52,0 g	17%

Eis	Menge	kcal	Fett	Kohlen-hydrate	Fett-kalorien
bofrost Cola-Quetschtüte	100 g	80	0,0 g	20,0 g	0%
bofrost Kunterbunt	100 g	93	0,1 g	22,8 g	1%
bofrost Sorbet Zitrone Wodka 051	100 g	131	3,1 g	21,7 g	21%
eismann Eis-Obstkorb, Apfelsorbet 0191	100 g	93	0,0 g	23,0 g	0%
eismann Zitronen-Sorbet 6807	100 g	131	1,0 g	32,0 g	7%
Langnese Capri	1 Stück	52	0,1 g	12,7 g	2%
Langnese Flutschfinger	1 Stück	62	0,0 g	15,2 g	0%
Langnese Mini Milk Vanille	1 Stück	29	0,6 g	4,8 g	19%
Langnese Multipackung 6 Cuja Mara Split	1 Stück	96	3,2 g	16,4 g	30%
Langnese Solero Exotic	1 Stück	112	3,0 g	19,7 g	24%
Langnese Solero Ice	1 Stück	86	0,1 g	20,9 g	1%
natreen Bourbon Vanille	100 ml	111	3,8 g	13,6 g	31%
natreen Schoko	100 g	118	4,1 g	14,1 g	31%
Nestle Motta Carioca	100 ml	109	3,2 g	18,9 g	26%

Dauerhaft abnehmen?
Gesünder essen?

Mit LOW FETT 30 kein Problem.

Abnehmen kann richtig Spaß machen:

Denn bei uns lernen Sie, wieder bedarfsgerecht zu essen. Wir zeigen Ihnen, wie Sie sich besser fühlen, machen Ihnen Lust auf Bewegung ... und Sie erreichen locker und gesund Ihr persönliches Zielgewicht.

Unter **www.lowfett.net** finden Sie jede Menge netter Leute, die mit LOW FETT 30 abnehmen. Ob Sie noch ein paar zusätzliche Information brauchen oder einfach nur einen Trainingspartner suchen, auf unseren Internetseiten finden Sie es.

Abnehmen mit Programm

Sie brauchen konkrete Anleitung? Dann sind unsere LOW FETT 30-konkret-Gruppen genau das Richtige für Sie. Adressen und Treffpunkte der LOW FETT 30-Gruppen erfahren Sie unter **0931 9701920** ... und falls keine Gruppe in der Nähe ist, können Sie unseren Abnehmkurs auch als Fernkurs buchen...

Bewerbungen erwünscht

Sie möchten selbst eine Abnehmgruppe leiten? Sie möchten Ihr Studienpraktikum bei uns absolvieren? Stellenangebote finden Sie auf unseren Internetseiten – und hier können Sie sich auch direkt per E-Mail bewerben.

Wir freuen uns auf Sie.

Bewerbungen richten Sie bitte an:
LOW FETT 30-Trainings-GmbH
Bismarckstr. 12
Veitshöchheim
fon: 0931 970 1920
fax: 0931 970 1921
email: **konkret@lowfett.de**

Für Kooperationen und Produkte ist zuständig:
LOW FETT 30-GmbH & Co. KG
Volksgartenstraße 85
41065 Mönchengladbach
fon: 02161 47957-0
fax: 02161 47957-77
email: **info@lowfett.de**
Online-Bestellungen:
bestellung@lowfett.de
http://www.lowfett.net

Endlich!

Kartoffel-Chips, die LOW FETT 30 sind – und super schmecken.

Probieren Sie unsere „salted"-SCHIPPS ... oder mögen Sie lieber Paprika? Im Internet finden Sie die Bezugsquellen ... oder fragen Sie einfach in Ihrem Supermarkt danach!

www.lowfett.net

Alphabetisches
Rezeptverzeichnis

Rezeptverzeichnis nach Kapiteln

Der Text dieses Buches entspricht den Regeln der neuen deutschen Rechtschreibung.

ISBN 3 8094 1398 4

© 2004 by Bassermann Verlag, einem Unternehmen der Verlagsgruppe Random House GmbH,
81673 München

Die Verwertung der Texte und Bilder, auch auszugsweise, ist ohne Zustimmung des Verlags urheberrechts-
widrig und strafbar. Dies gilt auch für Vervielfältigungen, Übersetzungen, Mikroverfilmung und für die
Verarbeitung mit elektronischen Systemen.

Umschlaggestaltung: Therese und Horst Rothe, Niedernhausen
Redaktion: Anja Halveland
Fotos: Dirk Albrecht, Meinerzhagen: 81; **Klaus Arras, Köln:** S. 1, 9, 10, 13, 23 kleines Foto, 27, 37,
39, 40, 41, 43, 45, 50, 55, 57, 59 kleines Foto, 62, 69, 71, 89, 95, 97, 98, 99, 101, 103, 105, 109, 110,
111, 113, 115, 119, 121, 123, 125, 127; **Damir Begovic, Hamburg:** 58; **Michael Brauner, Karlsruhe:**
2, 3, 7, 29, 33, 75 kleines Foto, 76, 79, 85, 91, 93; **Carsten Eichner, Hamburg:** 4, 49, 61, 67, 83;
Wolfgang Feiler, Karlsruhe: 53, 65, 74; **Ulrich Kopp, Füssen:** 22, 25, 31; **Martin Krapohl,**
Düsseldorf: 47; **Stefan Oberschelp, Frankfurt/Main:** 129; **Amos Schliack, Hamburg:** 117;
Reiner Schmitz, München: 35, 107; **Fotodisc:** 11, 17, 19, 20; **FALKEN-Archiv:** 73

Das Foto auf Seite 5 wurde uns von den Autorinnen zur Verfügung gestellt.

Die Ratschläge in diesem Buch sind von den Autoren und vom Verlag sorgfältig erwogen und geprüft,
dennoch kann eine Garantie nicht übernommen werden. Eine Haftung der Autoren bzw. des Verlags und
seiner Beauftragten für Personen-, Sach- und Vermögensschäden ist ausgeschlossen.

Satz: Harald Kraft, Mainz
Druck: Neografia, Martin

Printed in Slovakia

817 2635 4453 6271